Save the Children
救助儿童会

正向教养
家长学习小组

家长导师协作手册（第一版）

国际救助儿童会（英国）北京代表处
◎编 著

世界图书出版公司
广州·上海·西安·北京

图书在版编目（CIP）数据

正向教养家长学习小组家长导师协作手册 / 国际救助儿童会（英国）北京代表处编著 .—广州：世界图书出版广东有限公司，2019.12

ISBN 978-7-5192-7177-0

Ⅰ . ①正… Ⅱ . ①国… Ⅲ . ①儿童教育—家庭教育—手册Ⅳ . ① G78-62

中国版本图书馆 CIP 数据核字（2020）第 017553 号

书　　名：正向教养家长学习小组家长导师协作手册（第一版）
ZHENGXIANG JIAOYANG JIAZHANG XUEXI XIAOZU JIAZHANG DAOSHI XIEZUO SHOUCE（DIYIBAN）
编 著 者：国际救助儿童会（英国）北京代表处
责任编辑：刘　旭
装帧设计：书艺歆
责任技编：刘上锦
出版发行：世界图书出版广东有限公司
地　　址：广州市海珠区新港西路大江冲 25 号　　邮　　编：510300
电　　话：（020）84459701
网　　址：http://www.gdst.com.cn/
邮　　箱：wpc_gdst@163.com
经　　销：新华书店
印　　刷：广州市迪桦彩印有限公司
开　　本：787 mm × 1 092 mm　1/16　　印　　张：12.5
字　　数：192 千字
版　　次：2019 年 12 月第 1 版　2019 年 12 月第 1 次印刷
国际书号：ISBN 978-7-5192-7177-0
定　　价：59.80 元

编写委员会

（排名不分先后）

冯浩殷　王　欣　江为智　陈志君　江丝柳　郭锦萍

刘春华　李　坤　方　锐　张慕尧　周茹娟

版权声明

联系我们：

国际救助儿童会（英国）北京代表处

北京市朝阳区建外外交公寓 2 号楼 2 单元 51、52 室

邮编：100600

电话：010–65004408 / 65006441

传真：010–65006554

RD.China@savethechildren.org

前　言

家庭教育是一个充满欢乐、惊喜，同时也很辛苦的过程。在此过程中，家长会遇到很多压力和挑战。有时家长会觉得很困惑，不知道应该如何管教孩子；有时会觉得疲惫，认为自己怎么做都不对；更多的时候，家长想知道如何才能不打不骂教好孩子。

救助儿童会积极推广正向教养——这是一种专注于养育者与孩子双方平等及共同参与的教育方式。这种教育方式旨在积极地为孩子创造一个没有身体和情感伤害，尊重他们权利的教养环境，继而培育亲子之间亲密而巩固的关系，最终实现儿童潜力开发的最大化。

救助儿童会积极推广正向教养，对联合国2006年发表的《联合国研究暴力侵害儿童行为问题独立专家的报告》作出回应——协助家长解决暴力管教的困扰："如果我不打孩子，那么我可以怎么做？"

正向教养家长学习小组以儿童健康发展研究、有效教养方式研究和儿童权利原则为基础，并将三者有机结合后推出关于家长管教思路和方法的课程。实践及研究显示，正向教养不仅更加有利于在亲子间形成更加平等、尊重的良好关系，还有助于孩子的健康成长和能力开发。效果包括：

√　帮助家长采取长期发展视角培养孩子的自律意识，放弃体罚或羞辱等短视方法；

√　通过平等的沟通方式，清晰地与孩子表达期待、建立规则；

√　帮助孩子掌握应对生活中的压力、变动及不确定性的知识和技能；

√　教给孩子礼貌、同情、非暴力、自尊，以及尊重别人。

自2006年以来，正向教养家长学习小组的研发成果已被翻译成16种语言，广泛应用于北美、欧、亚、非等洲。

在中国内地，正向教养家长学习小组在国际标准版本 Positive Parenting

Parent Group Sessions 的基础上，进行了精心的本土化修订。由救助儿童会及伙伴机构的专业人员组成的核心教研小组，在广东、云南、四川、上海、新疆等地开展了大量的导师训练和实验教学，一起对课程进行反复优化，融合本土家庭教育议题及协作手法，最终形成完整的家长导师协作手册。参与正向教养家长学习小组教研并为编著本手册作出了重要贡献的成员包括冯浩殷、王欣、江为智、陈志君、江丝柳、郭锦萍、刘春华、李坤、方锐、张慕尧、周茹娟。

感谢瑞典救助儿童会及中国香港救助儿童会对正向教养在中国内地的推动提供的支持。

尤其感谢瑞典救助儿童会正向教养顾问 Mr. Laxman Belbase 和 Ms. Susanna Nordh，救助儿童会前项目战略发展和质量总监林美珠女士（Agnes Lam），救助儿童会儿童保护项目质量及影响亚洲代表 Mr. Dominique Pierre Plateau，Ms. Claire O’Kane，印度尼西亚救助儿童会 Direct Response Specialist，Families First 的 Ms. Yanti Kusumawardhani，中国香港救助儿童会助理项目经理庄慧雅女士的指导。

救助儿童会项目顾问梁绮韵、沈璐，儿童保护项目团队佟贞贞、冯慧玲、黎韵俐、易璇，来自在广东、四川、云南、江苏、湖北、上海、新疆、贵州的伙伴机构、学校、幼儿园等所有完成正向教养学习并投入实践的家长导师，均为课程的实践提供了大量的建议。

最后，也感谢为此付出大量努力的志愿者团队：蔡素洁、曾晓雯、岑慧昕、赖君豪、张启、朱冀纲、巫玮珺、周颖、陈俞希、卢也荻、林希展、陈奕君、谭思颖、谭旻、李晓晗、梁昕、柯佳平、林若琪、伯璐妍。

为了儿童的个性得到充分且和谐的发展，让他们在家庭环境里，在充满幸福、关爱和理解的氛围中成长，救助儿童会期待与各位伙伴、家长和儿童一起践行正向教养，让每个儿童都可以发挥他的最大潜力。

手册使用说明

《正向教养家长学习小组家长导师协作手册（第一版）》旨在帮助有志于成为正向教养家长导师的伙伴们提供一个清晰、可操作及可复制的标准家长学习小组操作设计。家长实务手册《正面纪律：是什么以及怎么做》与《正向教养家长学习小组家长导师协作手册（第一版）》形成配套。

《正向教养家长学习小组家长导师协作手册（第一版）》已为正向教养家长学习小组的操作提供了一个清晰的流程指引，所有完成正向教养家长导师训练营的学员均具备按照本协作手册进行协作学习的能力。本协作手册除提供操作步骤之外，对每个环节所需要的材料、教具和示范内容均作出了清晰的罗列。

尽管本协作手册的编写呈现了高度的结构化，能够被广泛地复制服务，但是请所有伙伴留意，这不是正向教养在支持家长学习及导师协作的最高追求。

相比于“告诉家长什么是正确的”，正向教养始终追求的是和家长一起，发现和总结“家长能做好教育可以有哪些好经验和方法”。正向教养坚持相信家长是具备能力的教育行动者，具备成功的经验和方法，能够持续成长和进步，能消灭一切暴力伤害儿童的行为和现象。因此，正向教养致力于为家长、儿童及社区进行赋能，陪伴他们，发现他们的优势，协助他们取得消灭针对儿童的暴力，支持儿童权利全面实现的最终目标。

在这个“做家长”变得前所未有复杂的时代里，正向教养在乎家长的处境。一方面，今天的家庭所面临的外部环境比过往复杂了很多——许多人都曾经用“不再单纯”这个词语来形容当今家庭所面临的外部环境。随着人们文化程度的提高和生活方式变化的加快以及多样性的增加，传统中的以尊长为前提、以前人经验为权威、以命令为基础的教养方式，被这些元素冲击得越来越难以奏效。

另一方面，当今的家长和孩子都处于越来越大的竞争环境之下，父母觉得“管”孩子要管的东西越来越多，而自身由于工作压力等原因，可分配出来的精力又越来越少。即便如此，他们在养育的路上得到的支持更是少之又少。老一辈人距离远了、理念差异变大；传统上把孩子交到邻居或放到小社区、单位的互助养育方式，也因为居住的分散、社区人际关系淡薄或单位托儿服务退出市场而变得越来越不容易实现。

社会的繁荣安定和发展愈加抬高了人们对于一个“好的父母”的期待，这让父母们因感受到自身的不完美、无力感而更加沮丧。人们越来越担心“毁了孩子”（不管是“做了什么”还是“没做什么”）。这样的压力环境不仅给儿童的成长带来诸多障碍，使家庭深陷焦虑，更有诱发暴力等更严重问题的可能。因此，重新帮助家长看到自己的经验、自己的优势，帮助家长跳出压力和期待不断冲突的“轮回”，是正向教养赋能家长的最高追求，也是救助儿童会消灭对儿童暴力这样的长期目标的重要策略之一。

正向教养期望和所有家长导师伙伴一起，真正成为家长成长的陪伴者，成为家长经验和优势的发现者，始终陪伴家长一起，总结家长的经验，继而在家长的社群中推广这些经验，让消灭对儿童暴力成为每一个家长充满信心去面对的行动目标！

目　录 CONTENTS

正向教养的目的

- 协助父母或照顾者学习一系列正向教养原则和使用相关工具。
- 为父母或照顾者提供学习压力觉察和自我照顾方式的机会。
- 加深父母或照顾者对以下各点的认识：儿童权利、儿童发展、正向教养、社会性别和无歧视、儿童保护风险、求助对象和途径。
- 帮助父母或照顾者觉察到他们与儿童之间的权利关系是怎样的，并帮助他们将权利关系转变为基于合作、沟通、倾听和相互尊重基础之上的关系。

正向教养家长学习小组的目标

正向教养是以实现儿童最大利益为目的的教养行为实践。正向教养家长学习小组的目标是帮助家长与儿童建立健康稳固的关系，让家长拥有信心和能力为儿童赋能，提供基于鼓励认可的同行引导教育，使儿童的潜力得以最大化发挥，儿童得以全面发展。正向教养提倡尊重儿童权利，在非暴力的环境下通过积极的教养理念、态度与行为替代体罚和责骂，通过基于尊重的沟通、协同儿童一起解决问题，使儿童从中学会尊重和自立，同时使亲子关系更加亲密而稳定。

救助儿童会倡导正向教养在家庭中的实践。我们深知，教养既是一项有意义的工作，也是一件难事。我们希望父母、其他照顾者和儿童能够在正向教养服务中学习到积极的家庭教育知识和方法，共同建立更加良好的关系。

第 1 节

家长的家庭梦想和自我照顾

本节目标			
• 为正向教养家长学习小组营造一种安全、信任、开放和积极的环境氛围。 • 帮助父母或照顾者觉察自己对“成为怎样的父母或照顾者”有怎样的期待。 • 帮助父母或照顾者认识大脑应对压力的方式。 • 帮助父母或照顾者学习觉察和纾缓压力的方法。			
	课程内容	材料工具	需　时
1.1	欢迎致辞和收集家庭的梦想	• 活动挂图 • 胶带	45 分钟
1.2	正向教养家长和儿童成长小组介绍	• 活动挂图、手册 • 胶带	20 分钟
1.3	压力管理	• 空白的活动挂图 • 马克笔 • 胶带 • 身体、声音和感受活动挂图 • 压力行为活动挂图 • 大脑图片或用西瓜、气球替代	40 分钟
1.4	压力缓解活动	• 无	10 分钟
1.5	结束		5 分钟
	总时长		2 小时

环节具体操作指引

1.1 欢迎致辞和收集家庭的梦想[①]

目标	材料工具	需时
• 向父母或照顾者表示欢迎，介绍正向教养家长学习小组。 • 帮助父母或照顾者相互认识。 • 让父母或照顾者思考自己希望成为怎样的父母或照顾者。	• 活动挂图 • 胶带	45 分钟
准备工作： • 准备列明今日课程内容的活动挂图。		

过程：

1. 向父母或照顾者表示欢迎，感谢他们百忙中来到家长学习小组。

2. 自我介绍，并介绍在场的所有工作人员（包括家长导师和后勤工作人员）。

> **活动挂图样例：**
> **第一节小组内容**
> **• 我的家庭梦想**
> **• 正向教养家长学习小组介绍**
> **• 压力觉察和纾缓活动**

（1）向父母或照顾者介绍，这次家长学习小组的安排，家长导师会陪伴他们学习，也乐意了解他们养育子女及他们所照顾的其他儿童的需求，帮助他们在生活中实践正向教养。

（2）如果你受雇于某个组织，简单介绍该组织以及该组织在当地和其他地方（如有）开展的工作。

3. 进入第一个正式环节“我的家庭梦想”前，悬挂活动挂图，让家长看到本节小组的流程和内容。向父母说明：

（1）今天，我们将共度两个小时的时光。在这段时间里，我们邀请大家一起来分享“我的家庭梦想”。

（2）我们会向大家介绍正向教养服务的内容、目标和活动形式。

（3）我们还会介绍，作为家长如何觉察我们照顾者所承受的压力，

---

① 参考《父亲参与项目：导师家访指南》(*REAL Fathers Initiative Mentor Visit Protocol*)中的“父亲”活动。

并提供一些纾缓压力的方法，理解只有照顾好自己，缓解自身压力，我们才能更好地照顾孩子。

（4）在小组学习的整个过程中会有许多提问的机会，如果你们有任何疑问或想进一步了解的问题，欢迎提问！

4. 在开始“我的家庭梦想”前，如家长提问，先解释清楚有关当日流程的疑问。

5. 正式进入第一环节“我的家庭梦想”，向家长说明：

（1）父母或照顾者是儿童生活中最重要的人。为人父母都希望自己能够用积极的方式去教导和抚养孩子，去表达我们对孩子的爱，让我们家庭关系和谐美满。

（2）怀抱这个美好的期待，我们努力让自己成为一个好父亲和好母亲。正如每个孩子都是独特的，父母也是一样。因我们独特的个性和成长经历，我们对“怎么做，是好父母”的理解会有所不同。我们期待创造一个安全和互相倾听的分享环境，了解每一位家长对这个问题的理解，以及相关的经验。

（3）我们尚未做到任何时候都有爱，都积极地教育孩子。我们还有忙碌的工作，我们还会面对不知所措、愤怒的情景。但我们坚信，在座的每一位家长都有过好父母的体验，这是我们的闪亮记忆。相互学习，互相启发，能够帮助我们成为我们所期待的好父母。

6. 导师邀请在座家长结成二人伙伴小组，通过 10 分钟的分享环节，帮助伙伴了解彼此。

（1）自我介绍：别人怎么称呼你？你有几个孩子？

（2）从小到大，有哪个人是让作为父母的你感到钦佩的？他（她）的哪些行为让你钦佩？他（她）具备什么品质？

- **协作提示：导师可控制时间，每 5 分钟邀请家长轮换分享。**

7. 导师邀请所有二人伙伴小组在大组内，介绍你的伙伴给大伙认识。

（1）你的伙伴怎么称呼？有几个孩子？

（2）他（她）最敬佩的为人父母者是谁？有哪些品质？

8. 记录家长分享的观点，记录时注意区分父亲和母亲的品质。完成分享后，导师可以总结：

从大家的分享中可以看到，为人父母者值得敬佩的品质有以下这些，譬如体贴、和蔼和负责（根据分享的内容进行调整）。有时候，力量、责任和扮演一家之主的角色被认为是男性应具备的特点，而养育和照顾孩子则更多地由女性承担。这里面，我们看到，对父亲和对母亲的角色特点的理解，似乎是有不同的。这些不同的特点，导向了不同的家庭责任和担当。

9. 与家长一起思考父母的角色，以及职责随着时间推移所发生的变化。

（1）向家长提问：你们认为现在对父亲责任和母亲责任的认知与以往有差别吗？有什么差别？

（2）导师进行记录，整理。

（3）导师可以总结：社会的观念在不断变化，对父母的职责的理解也在不断变化。一个家庭中有许多不同的角色和工作。每一个角色都值得被认可和尊重。一些刻板的性别角色有时会成为对父母或照顾者的约束。男性可能会因为作为一家之主而感到压力重重，觉得无法向孩子表达他们的爱和关怀。同时，承担照顾孩子责任的女性可能会得不到认可和尊重，被拒于承担家庭或社区决策责任的门外。这些对不同角色的刻板认识也会让男孩和女孩对他们的未来产生不同的期望。我们希望创造一个父亲、母亲或男性照顾者、女性照顾者，都能因他们在家庭中所扮演的角色而得到认可、尊重和重视的家庭环境。我们还希望创造一个不论是男孩、女孩、成年男性还是成年女性，都能因他们作为个体和社区一员所具备的能力和潜能而得到认可、尊重和重视的环境。（家庭成员）共同承担教养的责任要求有助于构建一个强大、幸福，能共同面对挑战且关系密切的家庭。

10. 在讨论过家长对家庭责任的想法之后，导师导入家庭梦想的第二个讨论：梦想可以创造希望，家庭的梦想为我们设立一个可以为之共同努力的目标。

11. 导师用缓慢的语速向家长提出三个问题，确保家长听得清楚。如果家长愿意闭上眼睛，邀请他们在听问题的过程中闭上双眼。

（1）你希望邻居们是怎样评价你的家庭的？

（2）孩子成人后，你希望孩子是怎样评价作为父母的你们呢？

（3）你希望自己成为一名怎样的父亲、母亲或照顾者？

12. 进行大组内的分享，邀请家长分享前三个提问的想法，并进行记录，根据记录内容导师可归纳总结。

（1）对于不愿发言的参与人员，不要强迫其发言。

（2）如家长具备相当的读写能力，可邀请他们将思考的内容写在便签纸上。完成分享后，贴到活动挂图上。

（3）若有家长对自己的期待与正向教养方法不符的情况，如“独裁或以暴力方式管教孩子”，或提出“不用打骂的方式，孩子不会听话”等困惑，邀请导师坚持非评判的原则，坚信每个自愿来到学习小组的家长，都已经展现最大的改变自己的勇气。导师可以说：感谢家长的分享，呈现了不同的价值观和疑问，这些价值观和疑问都是帮助所有家长一起思考、讨论，相互学习的宝贵经历。

13. 导师可紧接着进行“家庭梦想”环节的总结。

（1）我们相信家长都是有能力的家长。从以上的分享中可以看到，每一位家长都期望自己成为一个负责的、有爱的，与孩子关系密切的父母或照顾者。

（2）在家庭梦想这个环节里，我们邀请所有家长都可以看到自己的梦想——你希望成为一个怎样的家长？你期待他人、子女对你如何评价？

（3）同时看到帮助你达致梦想的榜样——那个影响你最深的榜样，他是怎么做到的。

（4）还有你对家庭职责的觉察——你所持有的在家庭生活和子女教育方面职责分工的价值观。这些价值观如何影响你的行动，以及和你伴侣的相处。

（5）这是我们学习和成长的第一步。明白了我们的梦想，接下来，正向教养家长学习小组将帮助家长们共同学习，慢慢成长为更有信心和能力的父母。

1.2 正向教养家长和儿童成长小组介绍

目　标	材料工具	需　时
• 对正向教养进行概述，并介绍家长和成长小组。 • 共同确认和落实小组规则。	• 活动挂图、手册 • 胶带	20 分钟

准备工作：

• 如没有为家长提供小册子，则需要准备画有课程示意图的活动挂图。

家长导师须知：

在制定小组规则时，如果家长没有提及下列内容，建议导师进行补充。

① 相互尊重；

② 理解每个人都有不同的经历和想法，我们应接纳彼此，不对他人评头论足；

③ 除非有紧急电话需要接听，否则请在课程开展期间关闭手机；

④ 守时。

保留制定的小组规则，以便在下一节小组上展示和回顾这些小组规则。

过程：

1. 导师表达感谢：感谢家长们报名参加正向教养家长学习小组的学习。如果当地学习小组已经同步开展家长学习小组及儿童成长小组，则请同时表达对家长和孩子参加小组学习的肯定。

2. 向家长介绍正向教养家长学习小组。

（1）正向教养家长学习小组旨在帮助家长、孩子和伴侣之间建立以尊重为前提的，以沟通和非评判为原则的良好关系。

（2）树立家长的信心，帮助家长理解子女的需求和成长发展历程，学习儿童权利的知识，并觉察到自己处理教养挑战时的价值观是怎样的。

（3）帮助父母或照顾者学习更多积极的教养方法，取替体罚和羞辱性惩罚的教养方式。

（4）帮助家长觉察自己所承受的压力，学习合适的压力纾解方式。

3. 导师介绍正向教养家长学习小组的学习内容结构，在 10 节正向教养家长学习小组中，家长将就以下八大主题进行学习：

（1）照顾者的自我照顾；

（2）安全权；

（3）正向教养的目标；

（4）正向教养的基本技巧——家庭温暖和指导；

（5）理解儿童——他们的看法和感受（0—5 岁、6—9 岁、10—17 岁），这一点将按年龄段分三次课程进行讨论；

（6）以尊重为前提的沟通和共同解决问题；

（7）以尊重为前提的沟通和正向关系；

（8）帮助儿童，相互帮助，寻求帮助。

4. 除了家长学习小组之外，如果服务已经配套了儿童成长小组、亲子互动环节、家访，也需逐一介绍。

（1）儿童成长小组：儿童小组与父母或照顾者小组就类似的主题进行讨论，如以尊重为前提的沟通和安全权。在往后每次家长学习小组上，我们都会向你们介绍儿童小组的最新讨论主题。

（2）亲子互动环节：两场亲子互动环节，是由父母或照顾者和儿童共同参与。

（3）针对 5 岁以下儿童父母或照顾者的家访：家长导师或者儿童活动引导师会到家中探访你们和你们的孩子，帮助你们在家中思考和运用学习小组中学习到的技能。

• **协作提示：**介绍时请展示正向教养服务内容结构挂图。如果当前服务只做家长学习小组，可以只提供家长学习小组的信息。可以配合使用《正向教养服务介绍》小册子。

正向教养的服务体系

<table>
<tr><td>正向教养家长学习小组
（第 1—4 节）</td><td rowspan="2">第一节
亲子互
动环节</td><td>正向教养家长学习小组
（第 5—10 节）</td><td rowspan="2">第二节
亲子互
动环节</td></tr>
<tr><td>正向教养儿童成长小组
（6—9 岁、10—13 岁、14—17 岁）</td><td>正向教养儿童成长小组
（6—9 岁、10—13 岁、14—17 岁）</td></tr>
<tr><td colspan="4">正向教养社区宣传和推广活动</td></tr>
<tr><td colspan="4">针对 5 岁以下儿童父母或照顾者的家访</td></tr>
<tr><td colspan="4">儿童保护系统强化</td></tr>
</table>

5. 导师邀请全体家长一起为小组制定规则。

（1）说明小组规则旨在让每个小组成员都能受益。

（2）导师提问：全体家长遵守哪些规则能够帮助每一个人获得最大的学习收获？

（3）导师可以举出一两个例子帮助家长理解什么是小组规则，如：守时——我们应按时出席小组会议；参与——每个人都享有参与和保持沉默的权利。在活动挂图上列出参与人员的意见，并将活动挂图挂在会议室的前方。

（4）如参与人员未提及“保密”，导师可以补充，并邀请家长不与小组成员以外的其他人士谈论在这个小组内涉及的个人信息和经历。导师可以这样说：“这里是每个人都可以安心分享他们的想法和经历的地方，请不要与小组成员以外的人士谈论小组成员分享的经历。但有人可能会谈论正受到伤害的孩子，这个情况非常少见，这也是导师无法保密的唯一情况，因为我们会就此首先与当事人的父母或照顾者进行商讨，并告知相关方，让受伤害的孩子获得其所需要的帮助。”

（5）在挂图上罗列书写所有家长分享的规则。

（6）导师进行归纳和梳理，并向家长进行总结：父母和照顾者是孩子最重要的幸福源泉，是孩子最重要的保护者。在这个学习小组中，我们将和家长一起互相学习，共同成长。所以邀请大家能够一起遵守小组的规则。

1.3 压力管理[①]

目　标	材料工具	需　时
让父母或照顾者认识大脑管理压力的方式。	• 空白的活动挂图 • 马克笔 • 胶带 • 身体、声音和感受活动挂图 • 压力行为活动挂图 • 大脑图片或用西瓜、气球替代	40 分钟

① 摘自《正面纪律：是什么以及怎么做》（*Positive Discipline in Everyday Parenting*）（第四版）。

（续上表）

目　标	材料工具	需　时
准备工作： • 在活动挂图上写下小组工作问题。 • 如使用西瓜进行说明，将西瓜切成两半。 • 如使用大图片进行说明，在活动挂图上画出大脑的图案。 • 如使用气球进行说明，给气球充气，然后在充满气的气球上画出大脑的图案。		

家长导师须知：

① 根据实际情况对内容进行调整，例如，如有紧急情况的参考资料，则只使用针对紧急情况的内容。如介绍发展的情况，则只使用有关发展的参考资料。请考虑家长是否能从男女分开或男女混合小组讨论中获益，从而决定如何组合小组。

② 事先决定要选择的活动，是选择活动 A、B 还是 C（在以下指引中有详细介绍）。

③ 事先决定用哪种形象化工具来展示大脑，并准备好所选择的形象化工具——手、图片、气球还是西瓜。

④ 我们不希望将家长称为“虐待者”“暴力管教家长”，或因他们的行为对他们进行责备，这会让家长的戒备心变得很重，继而影响家长学习的动力和心态。在中国的文化里，暴力的管教方式仍然是一种教育方法，家长是以伤害的程度来区分管教还是虐待。家长导师的目的是帮助家长清楚惩罚和虐待是不可能有明确界限的，因为惩罚和虐待的意图（造成一定程度的疼痛感）是一样的，严重的伤害往往是由瞬间的情绪失控造成的，在感到有压力的情况下，情绪失控的可能性更大。

过程：

1. 导师导入话题时可以这样说：“在一开始的家长职责分享中，我们看到有很多品质，是社区、他人、我们自己都期待我们要做到的。似乎人们对于你们作为一名父亲、母亲和照顾者应该怎样做有着诸多的要求。这样一个努力的过程，有时会让我们感到压力重重。压力的大小会对我们照顾孩子的方式产生影响，教养的压力会使我们更容易产生愤怒的情绪。我们必须照顾好自己，并探寻有用的压力纾缓方式。在这个环节，让我们进一步了解压力是如何影响我们的。”

2. 在日常生活中，家长需要兼顾各种责任和任务，因此时常都会感到有压力。

（1）导师提问：什么是压力？

（2）邀请2—3位家长分享他们的观点，导师尝试通过归纳的方式将大家对压力的理解整理成定义。此处提供一个压力的定义：压力是很难定义的，因为每个人对压力都有不同的理解，但压力是内心（大脑）和身体对于某种威胁（如：一辆车朝我们驶过来）、困难（如：学习新事物）或生活中发生的改变（如：成为一名父亲或母亲）所作出的反应。

（3）导师提问：压力给你的生活带来怎样的影响？

（4）邀请2—3位家长分享观点。导师需要了解，有人会认为压力给生活带来消极的影响，有人却会认为压力是积极的。导师可以做好包容的心理准备，对所有家长的分享都记录在大白纸上，不进行评判，只进行归类总结呈现。例如，在总结时，导师可以这样说："压力可以促使我们迅速作出反应，可能是正面的，例如，我们有意识地让自己集中精力学习或集中精力扮演好一名新手父亲或母亲的角色。也可能有负面的影响，例如，在有太多带来压力的事情发生或长期处于紧绷状态的情况下，我们可能会因此感到无所适从，我们会难以控制自己的情绪，做出本无意为之的举动，这些举动可能给自己和身边的人带来伤害，例如吵架、打架。"

3. 邀请家长进行一个讨论活动。根据小组的家长人数的规模，讨论活动的形式可以不同：

（1）导师直接面向全体家长提问，邀请家长分享；

（2）将以下话题制作成抽认卡，邀请抽卡家长进行分享；

（3）4—6人的小组讨论，继而大组分享。

4. 讨论以下话题：

（1）有什么事情会让你感到有压力？

（2）在压力事件下，你会觉察到身体会出现哪些反应？如：心跳加速、出汗、说话音量变大，语速变快等。

（3）处于压力下的时候你的情绪会有什么变化吗？如：变得很容易

不耐烦，容易愤怒、紧张、沮丧等。

（4）处于压力下的时候，你觉察到你会对别人说什么或做什么吗？如：对自己的伴侣不耐烦，指责对方，或者对孩子特别看不顺眼、责罚孩子等。

（5）处于压力下的时候，孩子的哪些行为会让你特别容易爆发？如：哭泣、尿床、与其他孩子打架、把玩具落在地上、不做作业等。

（6）在压力情境下，你觉得你对待男孩和女孩的方式有不同吗？

（7）在压力下处理孩子行为时，你觉得父亲（男性照顾者）和母亲（女性照顾者）对待孩子的方式有不同吗？

5. 小组讨论的时候，可以分成两个阶段进行讨论：

（1）以上述（1）—（4）作为一个阶段的讨论，先进行总结呈现；

（2）以（5）—（7）作为另一个阶段的讨论，进行总结呈现；

（3）总结呈现的方式可以是邀请每个小组分享他们的讨论结果。如果家长有相当的书写能力，可以邀请他们写在大白纸上再进行分享。

6. 导师对讨论情况，可以这样总结：我们从讨论中可以看到有哪些事情特别让我们觉察到压力；压力下我们的感受和行为是怎样的；在压力下如果要进行哪些事件的教育，我们将面临崩溃的状况；此外，这个讨论也让我们看到，压力下对待男孩和女孩有差异，例如，会……另一些行为是……并且，这些差异在父亲和母亲之间，也会呈现出……这些不同的行为。

7. 导师向家长分享“掌中大脑”①，以介绍大脑的结构和大脑如何对压力作出反应：

（1）我们大脑的不同部分发挥着不同的作用。当我们感到有压力的时候，我们的大脑内会产生反应，这种反应会影响我们作出行为反应的方式。

（2）（向参与人员演示：张开一只手，将拇指弯折到掌心上方。）如果把我的手比作人脑，那么拇指（即杏仁体）就是大脑中掌管情绪的部位。这个掌管感受和情绪的部位会发出情绪反应信号，帮助我们快速地对事物

① 参考《由内而外的教养：做好父母，从接纳自己开始》，作者是［美］丹尼尔·西格尔 Daniel J.Seigel。

作出反应。当我们遇到某种威胁时，这个部位就会发出信号，这种信号会刺激荷尔蒙的产生，从而促使我们血压上升，心跳加速，让我们本能地对这种威胁作出快速反应。

（3）（将四指弯折到拇指上方。）我的手指就是大脑的顶部（指向你的四根手指），即大脑额叶。大脑的这个部位负责思考和推理。正是这个部位帮助我们理性地思考问题和作出决定。这个部位帮助我们判定我们的行为将会产生的后果。科学研究表明，这个部位是大脑最后发育的部位，而且要到我们 25 岁时这个部位才能完全发育成熟。

（4）当我们感到有压力或难过的时候，我们往往会立即停用大脑负责思考的部位，启用大脑负责情感的部位（竖起四指，露出下面的拇指）。虽然这有助于我们快速地作出反应，但也会让我们做出也许令我们后悔不已的言行举止。

（5）在我们情绪平静的时候，负责思考的大脑部位占据主导地位，我们可以对事物进行全面的思考，解决问题，作出周全的决策并考虑我们的行动将会产生的影响。当我们感到有压力的时候，负责感受的大脑部位就会占据主导地位。负责行动的大脑部位会根据感受直接控制我们的身体，让我们心跳加速，血压上升。同时，负责感受的大脑部位会让我们作出冲动、具有攻击性和情绪化的反应。这些反应没有经过深思熟虑，是对压力的无意识反应。在面临危机时，感受和行动上的反应让我们渡过危机。这些反应是“正常”的反应，我们需要努力以有效的方式管理这些反应。

（6）由于幼儿负责思考的大脑部位仍处于发展成形阶段，因此幼儿一般受负责情绪的大脑部位控制。所以，当幼儿面对压力时，他们会直接做出情感化的行为，例如哭和闹。而作为成人的我们，可以通过一些方法，例如深呼吸或停下来一会儿，从而再次让大脑进行理性思考（四指扣在拇指上方）。

除了“掌中大脑”之外，还可以通过以下形象化工具介绍大脑是如何对压力作出反应的：

• 大脑的图片

图片的右侧就是大脑的前端，因此，这个大脑的主人是面朝左侧。导师站在图片前，面朝同样的方向，这样父母和其他照顾者就可以看到图中的大脑与我们的头部方向相符。

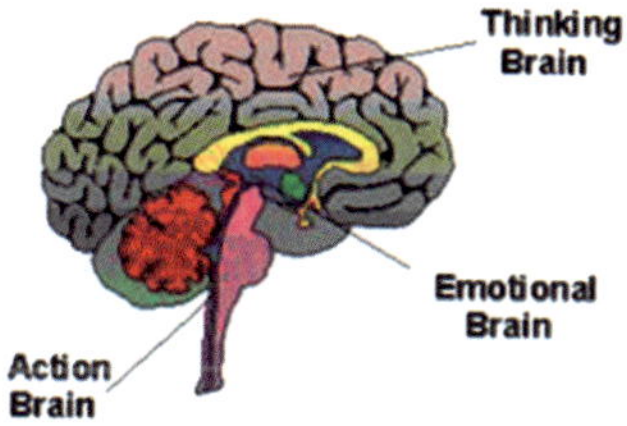

• 气球

可以在气球上画出大脑参与压力应对的三个关键部位，将气球留在桌上，以便在小组随时参照。

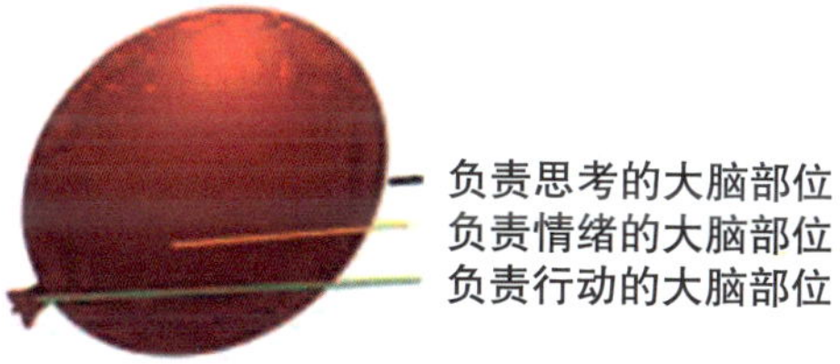

• 西瓜

保留瓜藤的那一半，切开西瓜。白色的西瓜皮代表大脑负责思考的部位，粉红色的果肉代表大脑负责情绪的部位，瓜藤则代表大脑负责行动的部位。西瓜的摆放方向要和大脑图片一致。

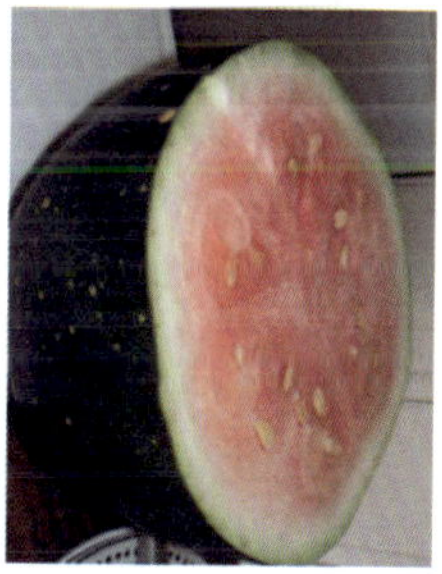

1.4 压力缓解活动[①]

目 标	材料工具	需 时
•学习缓解压力的方式。	无	10 分钟
准备工作： •练习以放松的声调缓慢轻柔地说话。		

家长导师须知：

① 本环节只分享一个压力缓解活动，请导师事先从两项活动中选定一项。这项活动必须是家长在家中以及在后续的正向教养小组中随时可以用来做压力觉察和纾缓练习的。另一项活动也可以在其他小组节次，或其他小组进行介绍和开展，帮助家长学习更多压力缓解的方式。

② 两项压力缓解活动都结合呼吸和肌肉放松。如果你正在指导他人，请以平和缓慢的声调读出指令，留出时间给参与人员跟随指令吸气屏息，然后慢慢呼气，绷紧然后慢慢放松肌肉。

过程：

1. 介绍以下两项压力缓解活动的其中一项，并说明本环节将带领家长学习其中一个。这个选择可以交由家长或者由导师决定。

2. 压力缓解活动 1 的引导说明。

（1）邀请家长以舒适的姿势坐下。导师可以这样引导：我们接下来要做压力缓解运动。如果你们愿意，可以闭上双眼，我邀请大家通过聆听我的声音，跟随我的指令。如果你们不想闭上双眼，可以目视前方，但不需要聚焦任何目标。如果在活动过程中需要移动位置，请轻柔地、缓慢地移动位置，这样做不妨碍你们放松。

（2）如果你们已经准备好，我们就可以开始了。

（3）为了让身体开始得到放松，请先慢慢地做几次深呼吸。

（4）我从 1 数到 4 的同时慢慢地吸气——1、2、3、4。

（5）在我从 1 数到 4 的同时屏住呼吸——1、2、3、4。

---

① 参考《儿童事业从业者心理急救培训手册》（*Psychological First Aid Training Manual for Child, Practitioners*）中的“压力缓解活动”。

（6）我从 1 数到 4 的同时以一种轻松纾缓的方式呼气——1、2、3、4。

（7）在我数到 4 之后再次吸气——1、2、3、4。

（8）现在，在我从 1 数到 4 的同时吸气——1、2、3、4。

（9）在我数到 4 之前屏住呼吸——1、2、3、4，然后在我从 1 数到 4 的同时呼气——1、2、3、4。

（10）你们自己按照这个步骤继续练习 3 轮。导师可以继续用引导语帮助家长进行练习。

（11）做完练习后，引导家长慢慢地开始聆听外界的声音，动一动手脚，伸展四肢，打个哈欠，然后慢慢地睁开双眼，仿佛从一场酣睡中苏醒过来。

（12）做完练习后，家长可能会感到更加敏锐和精力充沛，自信心得到提升，能够更好地控制自己的感受和想法。

（13）静默 30 秒到 1 分钟。最后，邀请家长用鼻子深吸几口气，然后通过口部以叹气的方式用力地呼气，想象着自己把紧张的情绪呼出体外。

3. 压力缓解活动 2 的引导说明。

（1）邀请家长以舒适的姿势坐下。导师可以这样引导：我们接下来要做压力缓解运动。如果你们愿意，可以闭上双眼，我邀请大家通过聆听我的声音，跟随我的指令。如果你们不想闭上双眼，可以目视前方，但不需要聚焦任何目标。如果在活动过程中需要移动位置，请轻柔地、缓慢地移动位置，这样做不妨碍你们放松。

（2）如果你们已经准备好，我们就可以开始了。

（3）双手用力紧握拳头，直至前臂有紧绷感。现在，猛然松开拳头，感受紧绷感消失，手臂自下往上的放松感。

（4）双手用力紧握拳头，然后猛然松开拳头。

（5）再次感受手臂的放松感。

（6）任肌肉的放松感慢慢地遍及双臂……然后传至肩膀、胸部、胃部和臀部。

（7）继续感受这种放松感，感受这种放松感从大腿蔓延至膝盖、小腿、脚踝最后至双脚。

（8）任这种放松感从肩膀慢慢游走至颈部、下颌、前额最后至头皮。

（9）让身体得到更深度的放松。

（10）重复一遍以上步骤，让身体得到更深度的放松。导师可以继续用引导语帮助家长觉察身体部分的感受。

（11）继续引导家长：每次呼气时，你们都可以进入一种更加纾缓放松的状态。在你们像此刻一样感到放松自在时，让自己感受一种纾缓安宁的感觉。

（12）做完练习后，你们慢慢地开始聆听外界的声音，动一动你们的手脚，伸展四肢，打个哈欠，然后慢慢地睁开双眼，仿佛从一场酣睡中苏醒过来。

（13）做完这项运动后，你们可能会感到更加敏锐和精力充沛，自信心得到提升，能够更好地控制自己的感受和想法。

4. 在压力缓解活动结束后，导师帮助家长做练习总结，导师可以提问并邀请家长简单地分享：询问参与人员他们是否能在家中做这项活动，以及他们在什么时候会做这项活动。

（1）做完后感觉怎样？

（2）会有机会在家里尝试做这个练习吗？

（3）你计划在什么时候可以做这个练习？

1.5 本节小组课程结束

感谢家长参加学习小组，以激励的话语鼓励他们并提醒他们下一节小组学习的时间。

鼓励家长向一位家人或者朋友分享他们在小组的所学所获。

激励的话语可以这样说："很高兴在这里和大家相遇，让我们看到，有一群伙伴都在努力地为自己的家庭、为家庭的关系变得更和谐而努力。大家来到这里，已经说明了大家的学习决心。这个学习小组会让我们一起相互学习，一起成长，一起实现我们各自的家庭梦想。我也期待大家看到，除了学习系统的知识和方法之外，我们每一个都是有经验、有优势的家长，我们可以帮助到其他伙伴成长。"

第 2 节

在安全稳定的生活环境中成长的权利

本节目标			
• 讨论有利于和不利于女童和男童成长的因素，以及儿童的受保护权。			
	课程内容	材料工具	需　时
2.1	欢迎和要点回顾	• 活动挂图 • 胶带	10 分钟
2.2	儿童的成长需要	• 活动挂图 • 胶带 • 马克笔 • 《儿童权利公约》概要卡	30 分钟
2.3	我们可以帮助儿童远离哪些伤害？	• 活动挂图 • 马克笔 • 胶带	40 分钟
2.4	暴力和虐待的影响	• 活动挂图 • 马克笔 • 胶带	30 分钟
2.5	造雨	• 可以围圈站立的场地	5 分钟
2.6	结束		5 分钟
	总时长		2 小时

环节具体操作指引

2.1 欢迎和要点回顾[①]

目　标	材料工具	需　时
• 向父母或照顾者表示欢迎，介绍今日的项目以及儿童小组会议的最新情况。	• 列明今日内容的活动挂图	10 分钟
准备工作： • 准备今日课程内容的活动挂图。		

过程：

向父母或照顾者表示欢迎，感谢他们百忙中坚持参加家长学习小组的学习。展示本节课程内容的活动挂图并作说明。

（1）今天，我们一起探讨影响儿童健康成长的积极和消极因素。我们还探讨儿童所享有的受保护权，即儿童有免受体罚、责骂或其他暴力伤害的权利。

（2）导师可以询问家长对本节内容有没有什么疑问，并提供回应。

（3）如果家长学习小组和儿童成长小组已经平行开展，则导师可以向家长介绍儿童成长小组的情况，并回应有关儿童成长小组或者与整个正向教养服务有关的家长提问。

> **活动挂图样例：**
> **第二节小组课程内容**
> **• 儿童的成长需要**
> **• 我们可以帮助儿童远离哪些伤害？**
> **• 虐待和暴力的影响**

（4）导师可以询问家长在第一节小组学习后，向哪位家人或者朋友分享了什么样的思考。可以邀请家长进行分享。

（5）导师可以将压力缓解活动作为热身，帮助家长进入学习的状态。

---

① 参考在红十字会与红新月会国际联合会（IFRC）心理辅导参考中心和丹麦救助儿童会（2012）开展的“要点回顾、意见反馈和介绍”活动；参考《引导师手册》（*Facilitator's Handbook*）开始部分。

2.2　儿童的成长需要①

目　标	材料工具	需　时
•帮助家长提高对儿童健康发展需求的觉察意识。 •帮助家长将生活的积极因素和消极因素与儿童权利相联系起来，提高对儿童权利的理解。	•活动挂图 •马克笔 •胶带 •《儿童权利公约②》概要资料③（附录 2）	30 分钟

准备工作：

•在活动挂图上简单地画一名儿童。在这名儿童人像的一侧写“积极因素”，在另一侧写“消极因素”。确保这两个标题下，儿童人像的旁边有足够的空间写关键词。

•准备《儿童权利公约》概要资料（附录 2），可以分发给每位家长作为阅读资料（为方便儿童阅读，可以选择图文并茂的版本）。本手册的“儿童权利卡”（附录 3）也可以使用。

过程：

1. 导师引入话题：我们都知道孩子需要照顾。如果得到良好照顾，孩子就能够健康茁壮地成长。在孩子成长的过程中，他们将要学会和具备应对各类挑战和困境的品格和能力。他们才能在未来为社会的发展作出贡献。

（1）邀请家长看到画有一名儿童人像的活动挂图，邀请大家一起讨论：生活中，哪些积极的因素能促进孩子的健康成长；哪些消极的因素会阻碍孩子的成长。

（2）导师将家长分享的积极因素，记录到挂图“积极因素”的位置。

（3）导师将家长分享的消极因素，记录到挂图“消极因素”的位置。

•**协作提示：**导师可以在这个分享中，充分利用儿童人像挂图的视觉化作用，例如，生理成长（人像的表面）、认知和心理成长（人像的头部）、

① 参考《儿童抗逆力项目：校内外的社会心理辅导　引导师手册》（*The Children's Resilience Programme,Psycho-social support in and out of schools: Facilitator Handbook*）开始部分。

② 《儿童权利公约》于 1989 年在联合国大会上通过。中国常驻联合国大使于 1992 年 3 月 2 日向联合国递交了中国的批准书，从而使中国成为该公约的第 110 个缔约国。该公约于 1992 年 4 月 2 日对中国正式生效。

③ 了解世界其他地区儿童权利方面的概要资料，可以参考《非洲儿童权利和福利宪章》概要。

社会交往 / 关系的成长（人像的心脏）、动手能力（人像的手部）、语言交流成长（人像的嘴），结合家长们的分享，思考哪些积极 / 消极因素影响孩子什么方面的成长。

（4）导师可在家长的分享完结后，进行归纳和总结。

2. 导师发放《儿童权利公约》概要阅读资料，邀请家长进行快速地阅读，并帮助家长了解儿童的四项基本权利。

（1）发展权，如接受教育和玩耍；

（2）生存权，如获得医疗保健和充足生活条件；

（3）参与权，如表达意见，参与和获取信息；

（4）受保护权，这项权利有助于保护儿童免受不利因素影响，如保护儿童免受虐待、暴力伤害和毒品影响。

3. 邀请家长进行一个合作活动。

（1）哪些积极因素可以保障儿童发展权的满足？

（2）哪些积极因素可以保障儿童生存权的满足？

（3）哪些积极因素可以保障儿童参与权的满足？

（4）哪些积极因素可以保障儿童受保护权的满足？

（5）导师对家长的分享进行归类和记录。

（6）哪些消极因素损害了儿童发展权的实现？

（7）哪些消极因素损害了儿童生存权的实现？

（8）哪些消极因素损害了儿童参与权的实现？

（9）哪些消极因素损害了儿童受保护权的实现？

（10）导师对家长的分享进行记录和归类。

• **协作提示 1：**导师可以通过挂图的四个象限来记录、归类和呈现家长的分享。

保障和满足儿童权利的积极因素 （损害儿童权利的消极因素）	
儿童生存权：	儿童受保护权：
儿童发展权：	儿童参与权：

• **协作提示2：**在家长人数大于6人时，这个合作活动可以分成两组进行，让每组家长分别合作提出积极因素和消极因素，并进行记录和分类。导师再邀请两组家长分别介绍他们的合作成果。

（11）导师通过转述或者概括的方式进行总结。

4. 导师继续进行关联讨论，提问：从上面这个环节中，我们可以看到，哪些儿童权利在生活中得到更多的保障？哪些儿童权利受到较多的侵害？

（1）导师进行记录并做好归纳总结。可以这样总结：我们从上面这个分享中留意到这些儿童权利得到较多的积极因素去促进；这些儿童权利被较多的消极因素阻碍。

（2）讨论积极因素和消极因素，是为了帮助家长们看到生活中哪些因素在对儿童健康成长发生作用，同时帮助家长看到这些因素和儿童权利发生怎样的联系。

（3）《儿童权利公约》旨在为所有儿童提供保护，确保儿童能享有最佳的成长环境。该文件说明了所有儿童应拥有什么，以及做什么才能生存成长，发挥潜能。不论种族、肤色、性别、语言、宗教信仰、观点、血统、财富、地位和能力，所有儿童都应享有基本权利。中国也是该公约的缔约国之一，该公约于 1992 年 4 月 2 日对中国正式生效。这说明国家层面认可儿童权利的实现。

（4）公约在确定父母（或合法监护人）照顾儿童的责任的同时，也要求政府为家长和监护人抚养儿童提供合理协助。所以，公约并不是一味要求家长做到什么，更强调的是社会和政府要为家长提供怎样的支持。

（5）通过四项基本权利的认识，我们对照自身做到了哪些积极因素，也看到我们还存在哪些消极的因素。希望这个讨论，可以给予各位启发，提高各位对消极因素的敏感度，能够有效觉察它们，继而在生活中可以思考如何增加积极因素，采取哪些行动来让其替代消极因素。

2.3 我们可以帮助儿童远离哪些伤害？①

目　标	材料工具	需　时
• 帮助家长了解生活中，虐待儿童和暴力对待儿童的形式和表现。	• 活动挂图 • 马克笔 • 胶带	40 分钟

准备工作：

• 继续使用儿童人像挂图作为教具，人像画出脑部、心脏和胃部。这次的挂图要确保儿童人像的四周有足够的空间写关键词。

• 打印暴力图像卡片，以供小组使用。

家长导师须知：

① 本环节，导师需要注意家长小组成员之间是否已经有足够的安全感和信任。因为在这个环节里，我们将开始带领小组一起讨论关于伤害，甚至可能关于儿童虐待的话题。这个话题对某些家长是可能比较敏感。导师可能会在带领讨论中遇到有些家长是能够微笑着回忆和面对童年被家长打骂的事件；也可能有些家长的童年曾遭受某种形式的虐待，他现在还没有办法面对；甚或有家长会敏感地联想自己当下教育子女的方式，而感到自己被攻击。请导师注意氛围和家长的感受状态，保持导师和家长之间的联结，是帮助家长获得启发的关键。导师应避免强迫家长分享他们的不幸经历。

② 导师可根据现场的氛围和家长感受，决定小组活动是否需要男女分组进行。

③ 如果有关于当地暴力管教方面的信息，导师可以考虑突出相应类型的暴力和虐待的信息，作为重点来带领小组活动。相关的暴力图片也可以替换。

过程：

1. 导师通过热身游戏“握拳”，引入环节。

（1）邀请在座家长分组成为两人小组，分成 A 和 B。

---

① 参考《青少年抗逆力项目：校内外的社会心理辅导——引导师手册》（*The Youth Resilience Programme: Psychosocial support in and out of schools, Facilitator's Handbook*）。活动参考《孟加拉国抗逆力项目模块》（*Resilience Module Bangladesh*）。

• **协作提示**：由于游戏可能带有身体接触，导师可以根据家长的现场感受和状态，决定是否需要考虑性别来分组。

（2）邀请 A 握紧拳头。在接下来的 1 分钟时间里，B 将用一切的方法尝试打开 A 的拳头。

（3）时间到后，导师让家长暂停，邀请家长快速地分享。导师不需要作任何回应。

① 提问：有哪些小组，成功打开了伙伴的拳头？

② 提问：大家都尝试了什么方法？

（4）继续第二轮，角色调换，邀请 B 握紧拳头，在接下来 30 秒时间内，A 将用一切的方法尝试打开 B 的拳头。

（5）时间到后，导师让家长暂停，邀请全体家长进入分享：

① 有哪些小组，成功打开了伙伴的拳头？

② 大家都尝试了什么方法？

③ 留意到大家都尝试了硬掰的方式，是什么原因让我们选择这个方式呢？

④ 将这个游戏联系暴力和虐待，大家有什么思考吗？

（6）导师将家长关于第（5）点的②③④的分享记录在大白纸上，并做好归纳总结。

2. 导师展示儿童人像挂图，引入语可以这样：接下来，我们对儿童在成长过程中可能遭受哪些伤害，进行分享。这个环节期待帮助我们大家觉察到伤害的存在以及对孩子带来什么风险。

（1）邀请大家分享：在日常生活中，有哪些行为会给儿童身体造成伤害呢？

（2）在儿童人像挂图的四周记录下家长的分享。

（3）你还会观察到，哪些行为

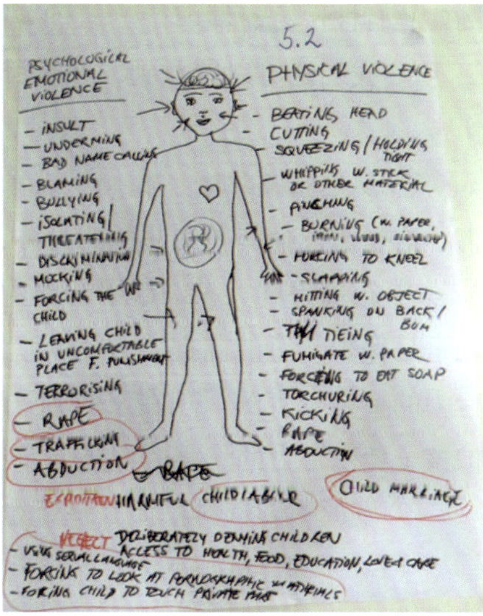

“儿童人像挂图”图片

会对儿童的脑部、心脏和胃部带来伤害？

（4）导师继续把家长的分享记录到挂图上。

• **协作提示 1：** 在记录方式上，可以这样做：人像左边的空间记录和情感虐待有关的内容；用人像的右边记录和生理虐待有关的内容；用人像的底部记录和剥削、忽视有关的内容。一些常见的内容，可以用箭头指向儿童人像的对应身体部位，表达伤害发生在儿童的什么部位。（参考本书第 25 页“儿童人像挂图”的例子）请注意，记录过程中，先不要在图上写出暴力的不同类型。

• **协作提示 2：** 在家长分享完毕后，导师可以补充一些遗漏的信息内容，例如，儿童目睹家庭暴力的发生，也是一种伤害。还有一些其他可能在当地比较普遍的行为，也需要记录下来。

（5）导师可以这样归纳总结：

① 谢谢大家的分享。邀请大家看挂图。

② 一起来概括，大家觉得图像右边的这些行为，我们可以怎么概括呢？（身体受到的暴力或虐待）

③ 图像左边的行为呢？（心理、情感受到的伤害或虐待）

④ 还有下方这些行为属于什么伤害呢？（忽视、剥削等）

⑤ 我们还会留意到，其中有一些行为，还可以概括为更严重的伤害，例如还有性侵害、性虐待。

⑥ 我们还可以留意到，儿童目睹家庭暴力的发生也会对儿童心理带来伤害。

⑦ 从这张图片中，我们可以看到生活中有很多的行为会对儿童造成伤害，这些伤害会作用到儿童的身体或情感，也可能两者都共同受到伤害。

⑧ 很高兴和大家一起了解到生活中的暴力伤害行为有哪些。因为了解儿童是保护儿童的前提。因为我们是不可能完全制止那些我们认为是错误行为的事情发生的。现在了解到这些信息，已是一种力量，能帮助我们保护孩子免受暴力的伤害，保障儿童在安全稳定生活环境中成长的权利。

⑨ 发放阅读资料：什么是暴力和儿童虐待，邀请家长继续了解学习。

（6）导师可以通过以下提问，邀请愿意分享的家长做一个最后的分享。

大家感觉怎么样？

• **协作提示：** 本环节的设计已经避免了谈及个人经历。但实际情景里，仍有触及的可能。如果有家长表现出敏感、或者勾连了他们的伤痛回忆，或者引发他们提及身边正在发生的儿童虐待事件，导师需要有所跟进。导师可以根据实际情况作出的回应有以下：

• **家长表现出敏感，或者勾连了他们的伤痛回忆。** 这个话题实在不是一个轻松的话题。我留意到这个讨论给大家带来了一些不舒服的感受。如果你需要一点时间平复心情，我邀请大家即场开启一个静默的时间，或者如果大家愿意，我们一起做一个放松活动，帮助大家找回舒服的感觉。接下来我们不会谈到个人的经历。但如果你想在这个空间说出你过去的经历，我邀请大家作为聆听者来倾听，同时我恳请大家都不对此作出回应。再次，我恳请大家听到伙伴的经历，仅保留在这里，而不带出小组以外。这对建立我们之间的信任有很重大的意义。

• **引发家长提及身边正在发生的儿童虐待事件。** 很感谢你提出来的这个担忧。看得出你似乎感到困扰。所有儿童都有免受伤害和虐待的权利。我们结束后一起来看看，社区中有没有一些儿童保护的服务或者组织，可以帮助到这个家庭。

3. 接下来，邀请家长进行一个练习：识别暴力和虐待。

（1）根据家长人数，邀请家长分成几个小组，每个小组拿到一张有虐待和暴力事件的图片，邀请小组进行分享（10 分钟）。

① 图片描绘的是什么事情？

② 发生的是哪种类型的虐待和暴力？

③ 你认为这个孩子会有什么感受？

（2）邀请小组进行分享。导师需要留意：一种暴力行为往往可以被归类为两种或以上的暴力类型。

（3）导师进行最后的总结。

① 我们留意到，一种暴力行为往往可以被归类为两种或以上的暴力类型。

② 可以尝试以提问来代替总结：这些图片表现的行为，和管教可能有什么关系？邀请家长分享作为总结。

阅读资料：什么是暴力和儿童虐待？

对儿童的安全、人格、尊严和发展造成伤害的行为，任何为这些行为进行的辩解都不应被接受，包括纪律的需要、法律制裁的手段、经济必要措施、儿童自己同意、文化宗教活动的需要，概莫能外。需要注意的是，成人和儿童都有机会是施暴者。

暴力类型	定义和例子
身体暴力	对儿童的身体外部（生理）造成伤害：打、掴、踢、咬、掐、拳打、用物件打、扯头发、拧耳朵、烫伤等。
心理/情感暴力	通过羞辱和做出有辱人格的事，损害孩子的情绪发展或自我价值感，对儿童造成身体内部（认知、情感、心理）伤害。 具体例子：起难听的外号，责骂，辱骂，威胁，拒绝，拒绝给予爱，不给孩子提供必要的支持或指导，贬低，持续羞辱，单独监禁和孤立，强迫儿童做某事，偏袒他人等。
剥削	剥削，即他人利用儿童为自己谋求利益，换取金钱、礼物或好处。剥削可以是以取乐为目的，如通过性活动进行的剥削，也可能以换取经济利益为目的。例如，利用儿童从事某项活动并以此赚取钱财，但儿童只能得到很少报酬，甚至得不到报酬。剥削会阻碍儿童的发展。适当的家务活不属于剥削。父母、老师和亲戚有时候可能会请求儿童帮忙，一些小忙也不属于剥削。剥削往往来自于剥削者不正当的意图。 具体例子：强迫儿童乞讨，让儿童从事某项工作并以此为自己换取钱财或谋取利益，在政治活动中利用儿童，强迫儿童从事性工作等。
忽视	有一些情况虽然不会对儿童造成身体上的伤害，但是会对儿童造成心理上的伤害，如：孩子被忽视，在游戏活动中被排挤，父母没有给予孩子足够的爱、关怀和注意，父母没有为孩子提供充足的食物和衣物或故意不让孩子接受治疗或教育。这种类型的暴力叫作“忽视”。忽视是指父母或照顾者在有能力的情况下不满足孩子基本需求的现象。 具体例子：不让儿童参与日常活动和社交活动等，父母没有给予儿童足够的爱、关怀和注意，父母没有给予儿童充足的食物、住处、衣物，没有让儿童接受医疗或教育，让儿童在无人看管的情况下留在有害物品的危险环境中，或当孩子尝试说话时，没有认真倾听等。

（续上表）

暴力类型	定义和例子
性虐待	性虐待是暴力的另一种形式。性虐待包括身体上和情感上的性虐待。性虐待是指一名成人（或另一名儿童）要求或强迫一名儿童进行性交，抚摸儿童的私密部位或以令儿童感到不适的方式抚摸其身体其他部位，或要求（强迫）儿童抚摸施虐者，观看色情图片等行为。以带有性暗示的方式与儿童交谈，对儿童的身体进行评价或作出令儿童感到不适的建议等行为也属于性虐待。 具体例子：调戏、令人不适的接触、强奸、说出带有性暗示的话语或做出带有性暗示的举止，展示色情图片，利用网络或其他数字媒体进行虐待都属于性虐待。
目睹家庭暴力	如果孩子在家中看到父母或照顾者等其他人遭到暴力伤害，这会让孩子产生极度悲痛和恐惧的心理，对孩子造成严重伤害。生活在存在暴力虐待问题的家庭中的孩子也有可能会遭受到其他类型的虐待。孩子在家中受到虐待或暴力对待的方式有很多种。孩子可能看到或听到另一个房间内发生的虐待事件，看到父亲、母亲或照顾者的伤口，在虐待事件发生后产生悲痛心理，或因为在当事人附近或试图制止虐待而受伤。

供小组使用的暴力图像卡

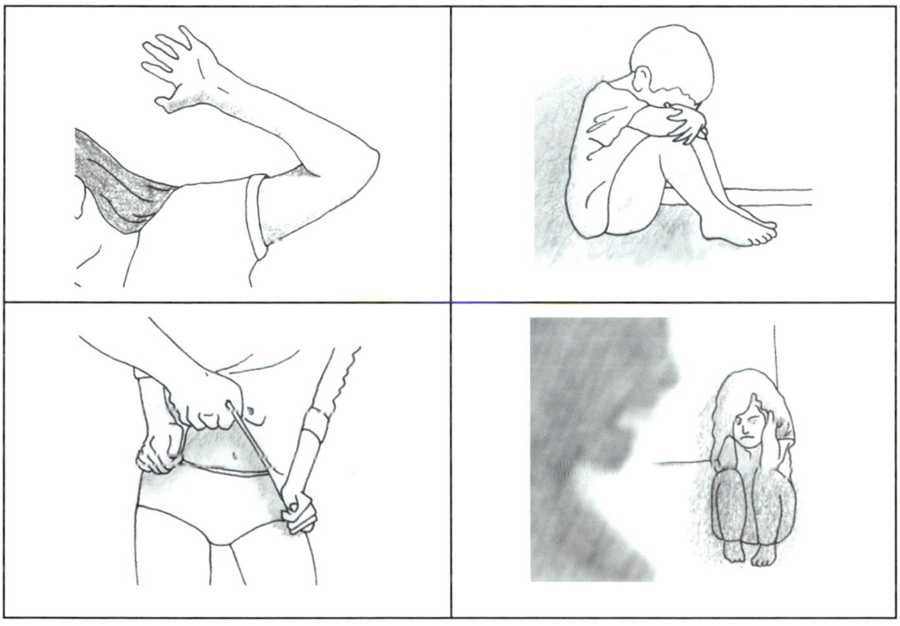

（续上表）

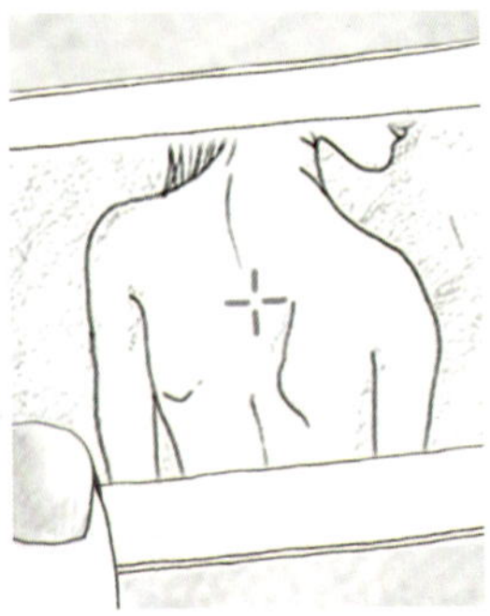 

2.4 暴力和虐待的影响[①]

目 标	材料工具	需 时
•认识暴力和虐待对儿童的影响。	• 活动挂图 • 马克笔 • 打印出来的大脑图片	30 分钟
准备工作： •打印大脑图片。		

家长导师须知：

① 导师需要继续注意小组的氛围和家长的感受状态，保持和家长们的联结。请避免强迫家长分享他们的不幸经历。

② 在讨论和介绍消极后果的时候，要注意说明消极后果的发生未必都来自照顾者的暴力管教。如上一个环节提及的，帮助大家认识到暴力和虐待给儿童带来的消极后果，才可能让儿童获得恰当的教育和保护，才能保障儿童在安全稳定的生活环境中成长的权利。

过程：

导师可以这样引入话题：接下来，我们将讨论暴力和虐待会给儿童带来什么影响。

（1）在生活中，如果孩子受到暴力的伤害后，你留意到儿童的生理方面会有什么表现？

① 活动参考《孟加拉国抗逆力项目模块》（*Resilience Module Bangladesh*）。

（2）儿童在情绪上会有什么表现？

（3）儿童在社会交往行为上会有什么表现？

导师将家长的分享记录到大白纸上，并可在适当时候进行阶段的总结。

（4）这些表现，会对儿童的成长产生什么影响？

继续将家长分享记录到大白纸上。

• **协作提示：**若家长多于 9 人，本环节的讨论可以分三个组进行。每组家长分享一个问题，并进行记录和归类。导师再邀请其他家长分别介绍他们的分享成果。

生理迹象 / 影响	情绪迹象 / 影响	社交行为 / 行为迹象
需要进行救治的损伤，如：疼痛、伤口、淤青、流血、通过性接触传播的感染、非意愿怀孕等。 受害人衣物被撕破。 身体和大脑发育受损等。	负面情绪，如：愤怒、攻击性心理、喊叫、悲伤、屈辱、低自尊等； 自尊心降低； 难以维持关系； 沮丧，对一切事物失去兴趣； 注意力不集中，丧失学习能力等。	攻击性行为、问题行为和自残行为。 社交困难，难以与人建立关系等。 不参与社交活动和游戏等。 脾气暴躁。 表现出破坏性行为或孤僻的行为。 缺乏自我照顾和自我保健的能力，或自我照顾和自我保健的能力降低。 学习成绩差等。

（5）导师进行完整的总结：

① 暴力和虐待会对孩子的发育、成长和学习能力产生长期的影响。暴力和虐待会影响孩子的情绪发展（变得极度害羞、沮丧或好勇斗狠）；生理发展（受伤，通过性接触传播的感染，怀孕）；行为（变得暴力，做出具有性特征的行为）；能力（暴力会影响孩子的学习能力以及信任他人的能力）以及表现（遭遇暴力的孩子的在校表现会不如没有遭遇暴力的孩子，由于丧失自信心和没有学会独立思考，遭遇暴力的孩子在日后会缺乏决策能力）。

② 如果做出这些伤害的是父母、其他照顾者或孩子喜欢且信任的人，那么受伤害的经历会对孩子造成尤为严重的伤害。因为孩子认为的能保护

他、关爱他的人变成了让他感受到恐惧、难过和伤害的人。这种伤害直接作用到孩子的安全感和对信任的体会上：如果一个最亲的人都会伤害你，那么世界上还有什么人值得信任呢？

③ 导师展示“儿童大脑发育对比”图片（第33页），并向家长介绍“暴力对儿童大脑发育带来的消极影响”的信息。

④ 图片为两个孩子的大脑。右侧图片是一名遭受严重忽视的孩子的大脑图片。仔细观察可以发现这个孩子的大脑体积更小，更重要的是，大脑上的黑点更多。这些黑点就是大脑中没有像左侧正常大脑一样正常发育的部位。所以，暴力和虐待甚至会伤害孩子的大脑，导致大脑的关键部位停止发育。

⑤ 这就是暴力和虐待需要停止的原因。邀请大家看之前儿童受伤害的挂图，我们都知道，有时候打和骂并不是为了虐待孩子，而是为了教育他。但请大家留意到，可能日常生活中的一些教育方法，还是会给孩子带来同等的伤害，产生暴力和虐待所产生的同等后果。而这些后果，完全违背了我们对孩子健康成长的美好期待。

⑥ 这就是为什么儿童权利中有受保护权的关键原因。提倡儿童的受保护权的意义，正是为了确保儿童不会受到暴力和虐待的伤害，继而产生长期的消极后果。

• **协作提示：**本环节的设计已经避免了谈及个人经历。但和前一个环节一样，如有可能触及，导师需要有所跟进。导师可以根据实际情况作出回应。

• **家长表现出敏感，或者勾连了他们的暴力管教行为回忆。**此刻，如果我们感到疑惑、不解，甚至有懊悔和担忧的感受，都是可以理解的。这也是一件好的事情，大家正在这个家长学习小组里面，我们已经迈出重要的一步。请大家也要放过自己，因为明白到努力的方向，并不代表我们马上可以做到。我们还是会在生活中因为各种各样的事情而产生冲突，感到愤怒。请大家多对自己说，我已经在进步。同时，请大家看到自己爱孩子的心，并相信，孩子是很有能力的，他们自己也在很努力地让自己健康地成长。今天是我们的新开始，我们努力学习，继续成长。

（6）通过压力放松活动来帮助大家回到舒服的状态。

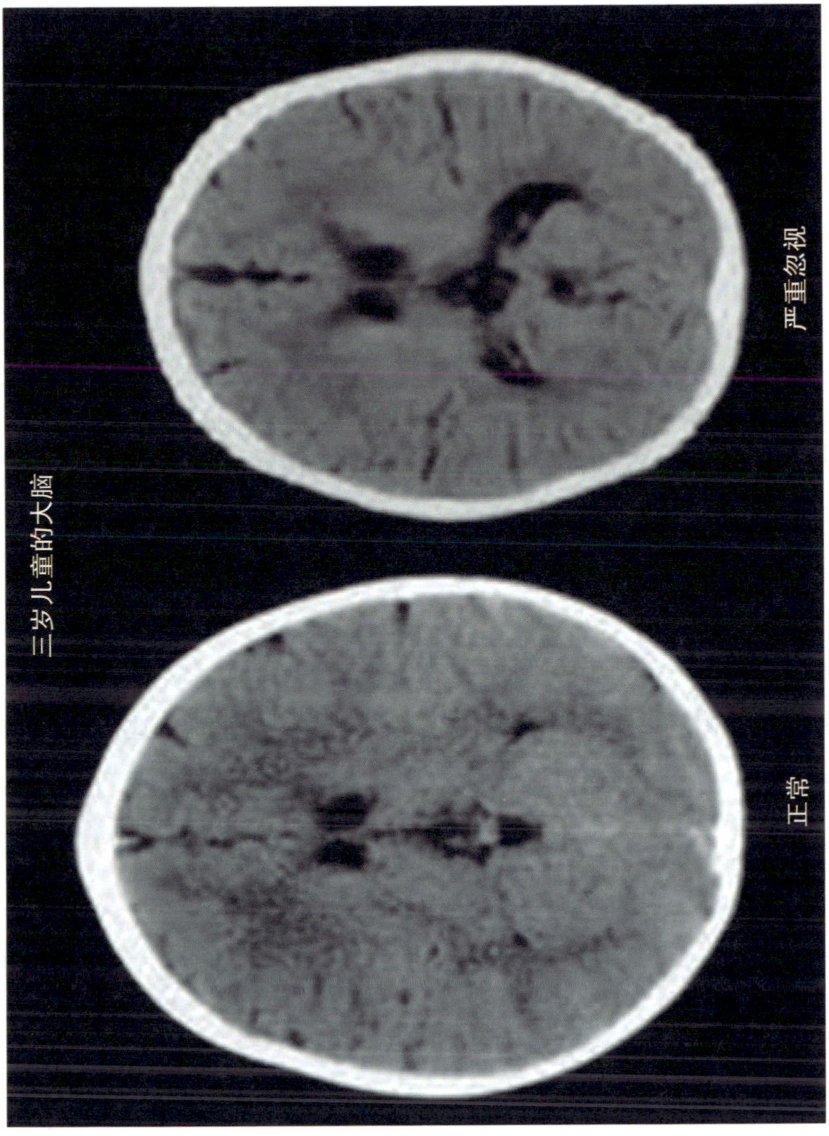

“儿童大脑发育对比”图片

2.5 造雨①

目　标	材料工具	需　时
• 激发家长的热情和活力。	• 可以围圈站立的场地	5 分钟
准备工作： • 无材料		

家长导师须知：

① 经历过关于暴力和虐待的讨论之后，我们希望家长能够带走的，还有让儿童享有在安全稳定的生活环境中成长的权利的乐观态度。

② 这项活动需要小组成员共同参与，由小组成员共同发声“造雨”，并期望小组成员在合作中培养出一种归属感。鼓掌有助于调节参与人员的情绪，让小组成员冷静下来。这项活动可以让小组成员在经历了一个严肃且可能让人产生悲伤情绪的话题之后，将注意力重新回到当下。

过程：

1. 邀请全体家长围成一圈。

2. 让家长跟着导师做动作。

（1）摩擦双手，让所有参与人员跟着你做，告诉他们这代表正在成形的云朵。

（2）现在，用一根手指轻点掌心（轻碰掌心），让所有参与人员跟着你做，告诉他们这代表刚刚开始下的小雨。

（3）用两根手指轻点掌心，告诉参与人员这代表雨势开始加大。

（4）用三根手指轻点掌心，告诉参与人员这代表雨越下越大并开始出现暴风雨。

（5）开始发出暴风雨的声响。

（6）开始跺脚并告诉参与人员暴风雨持续不断并且越来越猛烈。

（7）鼓掌并告诉参与人员这代表雷声。

（8）现在，将以上所有步骤反过来。

---

① 活动参考《儿童创造力：儿童活动手册》（*World Vision Creativity with children: A Manual for Children's Activities*）。

（9）停止跺脚。

（10）停止发出暴风雨的声响。

（11）停止鼓掌，用三根手指轻点掌心，用两根手指轻点掌心，最后用一根手指轻点掌心。

（12）轻轻地摩擦双手，直至暴风雨消停。

（13）导师结语：我们需要齐力合作才可以发声“造雨”，我们将继续齐力合作在家长小组中学习，为孩子提供保护和支持。

2.6　本节小组课程结束

感谢家长参加本次小组学习，用激励的话语鼓励他们并提醒他们下一节小组学习的时间。

鼓励家长，向一位家人或者朋友分享他们在小组的所学所获。

激励的话语可以这样说：很高兴看到大家继续参与小组学习。我们可以帮助孩子制造更多积极因素，回避消极因素，保障孩子在安全稳定的生活环境中成长的权利。我们通过了解什么是伤害，我们就能更好地保护孩子不受虐待和暴力的伤害。作为家长，我们对孩子有着极为重要的意义，孩子爱我们，信我们，向我们寻求安慰和安全感。接下来的小组学习，我们将一起来讨论如何专注于实现教养目标，如何给予孩子家庭温暖和指导，孩子是如何成长发展的，以及如何通过沟通解决问题和建立和谐的关系。我们还会学习在孩子需要更多帮助时如何给予孩子帮助。大家下节再见！

第 3 节

正向教养目标

本节目标			
• 帮助家长建立自己对子女进行正向教养的目标。 • 帮助家长觉察自身期待：我希望孩子成为怎样的人？我希望孩子成年后与我建立怎样的关系？			
	课程内容	材料工具	需　时
3.1	欢迎和要点回顾	• 列明今日课程内容的活动挂图	10 分钟
3.2	问题盒子	• 纸张 • 笔 • 订书机 • 盒子	10 分钟
3.3	正向教养的定义	• 活动挂图 • 马克笔 • 胶带 • 抽认卡	10 分钟
3.4	学习成为父母的经历	• 活动挂图 • 马克笔 • 胶带 • 活动挂图或抽认卡 • 可以在两个固定的点之间来回的场地，如：两面墙或两棵树	15 分钟

（续上表）

	课程内容	材料工具	需　时
3.5	体罚和羞辱性惩罚的影响	• 可以围圈站立的场地	30 分钟
3.6	正向教养目标	• 活动挂图 • 马克笔 • 胶带 • 压力应对抽认卡	45 分钟
3.7	结束		5 分钟
	总时长		2 小时

环节具体操作指引

3.1　欢迎和要点回顾

目　标	材料工具	需　时
• 向父母或照顾者表示欢迎，介绍今日的项目以及儿童成长小组的最新情况。	• 列明今日课程内容的活动挂图	10 分钟
准备工作： • 准备列明今日课程内容的活动挂图。		

过程：

向父母或照顾者表示欢迎，感谢他们百忙中坚持参加家长学习小组的学习。展示列明本节课程内容的活动挂图并作说明。

（1）在上一节小组学习中，我们探讨了对孩子有利和不利的因素，了解暴力和虐待的类型与影响，以及我们如何发现并制止虐待和暴力发生在儿童身上。今天，我们将探讨我们对于孩子的正向教养的目标。

活动挂图样例：

第三节小组课程内容

- **问题盒子**
- **正向教养的定义**
- **学习成为父母的经历**
- **体罚和羞辱性惩罚的影响**
- **正向教养目标**

（2）正向教养目标的树立，本质上是回答自己的两个问题：我们期望孩子成为怎样的人？我期待孩子成年后，与我建立怎样的关系？

（3）导师可以询问家长对本节课程内容是否存在疑问，并提供回应。

（4）如果家长学习小组和儿童成长小组已经平行开展，则导师可以向家长介绍儿童成长小组的情况，并回应有关儿童成长小组或者整个正向教养服务的有关家长提问。

（5）上次学习结束后，哪些家长与其他人分享了学习体会？导师可邀请家长进行分享。

（6）导师可以通过压力缓解活动帮助家长进入学习状态。

3.2 问题盒子[①]

目　标	材料工具	需　时
•让父母或照顾者树立信心，相信自己可以在小组结束前解决其中一个有关教养的问题。	•盒子 •向每位参与人员提供一张纸和一支笔 •订书机	15 分钟
准备工作： •无		

家长导师须知：

如果家长的文化水平不高，建议对以下环节活动进行调整。导师和家长导师在此环节，帮助有书面表达困难的家长写下问题，再交给本人，家长将写有问题的纸张放入“问题盒子”中。

过程：

1. 导师引入话题：关于孩子的教养，有什么事情让您感到顾虑或者担忧？邀请您写在便签纸上，对折好，并写下自己的名字，投入前面的盒子里。

2. 在所有家长将纸条放入盒子后，导师可以告诉大家，我们会先将这些问题存封起来，我们会在小组学习之后，再回头打开它们，看看我们自己有哪些新的启发。

---

① 参考《正面纪律：是什么以及怎么做》（*Positive Discipline in Everyday Parenting*）（第四版）。

3.3　正向教养的定义[①]

目　标	材料工具	需　时
• 帮助家长理解正向教养的含义。	• 正向教养定义挂图 • 正向教养生活案例三列表挂图 • 正向教养生活案例卡片 • 正向教养定义和正向教养生活案例三列表阅读资料	10 分钟
准备工作： • 正向教养定义可以使用大白纸板书挂图，也可以使用幻灯片。 • 正向教养生活案例建议提前用 A4 纸制作好卡片，在相关活动环节上挂上。		

家长导师须知：

① 正向教养的定义[②]：正向教养是基于儿童利益最大化的教养实践。正向教养是指对儿童进行培育，赋能予儿童，给予儿童肯定和指导，其中包括设定界限，以确保儿童的充分发展。正向教养认为应尊重儿童的权利，营造一个没有暴力的环境，在这个环境中，母亲、父亲和所有儿童的照顾者都可以共同参与，采用积极的教养方法，替代体罚或对儿童进行精神羞辱的惩罚方式，来解决亲子矛盾，帮助儿童掌握自律和尊重。正向教养重视帮助家长树立信心，帮助家长与儿童建立健康稳固的亲子关系。

② 本学习环节将提供两个协作过程供导师参考。第一个协作操作占用较短时间。第二个协作操作需要更多时间。

过程：

1. 导师可以这样导入话题：经历了两节小组的共同学习后，今天我们一起来思考，正向教养是什么。

（1）展示正向教养定义挂图，导师可以阅读一遍定义。

• **协作提示：** 以下提供两套协作过程，供导师根据实际情况选择。

协作过程 1： 提问——看到正向教养的定义，您关注的是哪些字眼？

---

① 欧洲委员会（Council of Europe）关于正向教养之定义，摘自《家庭和教养支持：全球背景下的政策和规定》（*Family and Parenting Support: Policy and Provision in a Global Context*）。

② 正向教养的定义引用自欧洲委员会（Council of Europe），结合社会性别平等视角的内容进行补充修订。

关注的原因是什么？

（2）从家长分享中，导师可以觉察家长的关注，是来自与担忧的联结、与启发的联系，还是因为困惑。

（3）导师对定义进行一个简单的阐述：

① 正向教养是指我们能否在每次事件中，觉察到儿童的最大利益是什么，并尝试遵循儿童利益最大化原则来和孩子沟通或者进行教育。

② 这样的沟通和教育是建立在追求和维系亲子之间良好关系的基础上，所以家长应用心倾听孩子的感受和想法，再考虑怎样提供指导和帮助。

③ 正向教养的实践，意味着我们逐步领悟到，儿童权利在生活中具体是什么。我们在教养时开始用非暴力的方式和孩子进行沟通，一起解决问题，一起成长，一点点地取代打、骂、取笑、羞辱这些方式。

④ 我们让孩子感到我们在保护他们的权利。亲子之间的相处，让孩子和我们在每一个事件中真切体验自律和相互尊重，继而掌握这些品质。

（4）导师可以询问家长有什么体会可以补充进来。如果家长有疑问，导师可根据实际情况决定回应的方式和时间。导师可以将问题记录在大白纸或“问题停车场”上。

协作过程 2：提问——看到正向教养的定义，请您留意并回顾在过往教育中，您做到过哪些符合正向教养的行动？

（5）导师记录家长的分享，并以家长的成功经验，进行阶段的归纳总结。

（6）导师提问：围绕正向教养的定义，您觉得哪些方面可以做得更好？

导师可记录下关键词到大白纸上，方便全体家长看到。

（7）导师提问：围绕正向教养的定义，有什么困扰或疑惑吗？

导师可把关键词记录到大白纸上，方便全体家长看到。

（8）导师根据家长的分享进行总结。针对家长的困扰或疑惑，导师可以肯定这些困难存在的意义，帮助家长从自己的成功经验中看到继续探索的价值。可以这样总结：感谢大家的分享。我们再次从大家的经验中学习。在生活中，我们做到了这些符合正向教养的行动，我们还觉察到我们可以在这些方面做得更好。能够觉察到我们的力量和我们成长的方向，这是很重要的阶段。我们还有这些困扰和疑惑。我们是能够在生活中一点点改善的。请大家继续用我们的成功体验，帮助我们在接下来的生活中继续实践正向教养。与此同时，接下来的学习里，相信我们会继续获得经验和方法，来应对这些疑惑。

• **协作提示：**相比于协作过程 1，协作过程 2 更“以家长为中心”，在激发家长将定义和现实生活进行实践的同时，帮助他们看到自己的优势。但分享所需的时间更长，导师需要敏锐捕捉家长的优势，以便转述、归纳和总结。

2. 导师引入练习：接下来，我们再以一个练习帮助我们进一步理解正向教养。

（1）将正向教养生活案例卡片发给家长，邀请家长将卡片放到三列表的相应位置。

（2）完成后，和家长一起梳理。可以在过程中询问家长某个卡片放在某个位置的原因。

如对某个卡片，家长之间有不同见解，导师可邀请家长分享他们的看法。导师需要注意，此环节是帮助家长进行分享，而不是辩论。

（3）在分享完毕后，导师可以发放正向教养定义和正向教养生活案例三列表阅读资料。导师进行总结：这些资料介绍了我的一些观点，供大家了解。有什么问题希望提出吗?

围绕阅读材料，家长可能会有提问，导师可根据实际情况决定回应的方式和时间。导师可以将问题记录在大白纸或“问题停车场”上。

• **协作提示：**在这个环节中，导师有可能面对家长的一个提问，如“属于惩罚”和“不属于正向教养”之间，有什么不同？这是很有意义的问题。

“属于惩罚的教育行为”表达了一系列生活中出现的惩罚的方式或惩罚的结果。这是正向教养致力代替的。而我们看到“不属于正向教养的教育行为”的案例，大家可以留意，它们首先不是惩罚，和“属于正向教养的教育行为”相比，它们之间最关键的区别，是对边界（boundary）的理解。边界包括行为的界限、期待的界限、关系的界限，不仅是对儿童的，更是对家长的。

正向教养是什么？正向教养不是什么？正向教养提倡什么？这是正向教养导师需要持续地进行体会和思考的问题。鼓励大家有自己的思考。

阅读资料：正向教养的定义和正向教养生活案例三列表

正向教养是基于儿童利益最大化的教养实践。正向教养是指对儿童进行培育，赋能予儿童，给予儿童肯定和指导，其中包括设定界限，以确保儿童的充分发展。正向教养认为应尊重儿童的权利，营造一个没有暴力的环境。在这个环境中，母亲、父亲和所有儿童的照顾者都可以共同参与，采用积极的教养方法，替代体罚或对儿童进行精神羞辱的惩罚方式，来解决亲子矛盾，帮助儿童掌握自律和尊重。正向教养重视帮助家长树立信心，帮助家长与儿童建立健康稳固的亲子关系。

不属于正向教养的教育行为	属于正向教养的教育行为	属于惩罚的教育行为
× 任由孩子任意妄为 × 没有与孩子制定规则 × 对孩子不抱有期望	√ 以明确的方式和尊重的态度与所有家庭成员进行沟通 √ 尊重孩子并赢得孩子的尊重 √ 教导孩子如何作出正确的决定 √ 培养孩子的技能和信心 √ 教导孩子尊重他人的感受 √ 给予孩子安全感 √ 平等对待女孩和男孩，一视同仁	× 让孩子遭受疼痛 × 在他人面前羞辱孩子 × 威胁孩子不再给予他们爱 × 以让孩子坐小板凳或蹲小黑屋的方式让孩子冷静 × 告诉孩子必须这样做，因为这是为他好（情感操控） × 剥脱孩子的权利（零花钱等）

3.4 学习成为父母的经历①

目 标	材料工具	需 时
•帮助家长觉察到自身对“成为父母”的感受。 •帮助家长觉察自己学习做父母的方法。	•活动挂图 •马克笔 •胶带 •家长感受卡（附录5）	15分钟
准备工作： •如使用家长感受卡，需要提前打印和剪好，以便每名参与人员或每个小组都有一套可用。		

① 参考《正面纪律：是什么以及怎么做》（*Positive Discipline in Everyday Parenting*）（第四版）。

家长导师须知：

① 本学习环节将提供两个协作过程供导师根据实际情况进行选择。协作过程 1 头脑风暴；协作过程 2 家长感受卡（附录 5）。

② 使用协作过程 2 的时候，如果小组中的许多家长并不是父母，导师需要对问题进行调整，以确保这些照顾者可以更好地融入活动。

过程：

1. 导师可以这样引入话题：接下来我们继续讨论关于为人父母的事情。

协作过程 1：头脑风暴

导师提问：我们是怎样学习到为人父母的知识和方法的？哪些学习方法对您而言特别有效？

导师以关键词的形式记录家长的分享。

2. 导师提问：学习做父母的这个过程，给您带来怎样的感受？

导师以关键词的形式记录家长的分享。

3. 导师进行总结：我们留意到，学习做父母，我们有积极的也有消极的感受。学习从来不容易，有时候我们感受到“被打败”了，这样的感受是可以理解的，我们要好好和这些消极的感受相处。同时，我邀请大家留意，对于受到挫折的家长伙伴，我们之间互相多点体贴和陪伴。我们学习成为家长的学习方法可以有这些（如广播、电视、书籍、网络、同伴、自身经验、文化、宗教），其中，从同伴中学习被认为是很有用的一种学习方式。从同伴中不仅能够学习到知识和方法，最重要的是可以达到情感上的“共情”与建立起相互支持。所以，此刻邀请大家，面向您身边的伙伴，向伙伴表达感谢，感谢大家一起，经历相似的感受，给予了彼此相互的支持。

• **协作提示：**该环节可以使用两列表的形式进行记录

学习方式	感　受
广播、电视、书籍、网络、同伴、自身经验、文化、宗教	幸福、有爱 愧疚、劳累

协作过程 2：家长感受抽认卡

导师将家长感受抽认卡展示出来，供家长选择。

4. 导师邀请每位家长抽取一张特别代表各自为人父母的一张感受卡。

（1）导师可以根据感受卡进行分组，例如较多抽到同一张卡的，可以分成 3 人以内的小组，其他的也可分为 3 人以内的小组。

（2）邀请家长在小组内和伙伴分享这个感受下的一个育儿经历。

（3）导师需要让小组内的分享时间足够充分，确保每个家长都可以分享到。建议以每 5 分钟为一个分享时间，帮助家长控制分享时间。

5. 分享结束后，导师邀请家长向小组内的伙伴表达感谢，感谢大家分享自己的经历。

6. 导师邀请大家进行大组的分享。

（1）听到伙伴的经历，给你带来怎样的感受？

导师记录关键词。

（2）从伙伴的经历中，你学到什么？

导师记录关键词。

（3）导师进行总结：我们留意到，为人父母的时候我们有积极的也有消极的感受。做父母从来不容易。我们有时会感受到“被打败”，这是可以理解的，我们可以好好和这些消极的感受相处。同时，我邀请大家给予受到挫折的家长伙伴多点体贴和陪伴。请大家留意到，分享我们的经历，是能够帮助我们大家互相学习的。从同伴中学习被认为是很有用的一种学习方式。从同伴中不仅能够学习到知识和方法，最重要的是可以达到情感上的“共情”与建立起相互支持。所以，此刻邀请大家，面向您身边的伙伴，向伙伴表达感谢，感谢大家一起，经历相似的感受，给予了彼此相互的支持。

• **协作提示：** 该环节可以使用两列表的形式进行记录

感 受	启 发

使用协作过程 2 意味着需要有充足时间给家长进行分享。同时，需要注意家长们是否处于安全且舒适的氛围中。特别提醒，环节 3.3 和环节 3.4 都有两个操作过程供选择，如果小组时间需要维持在 2 小时以内，建议导师不要同时选择协作过程 2。

3.5　体罚和羞辱性惩罚的影响[①]

目　标	材料工具	需　时
• 帮助家长思考和觉察，惩罚往往与“我们希望孩子成为怎样的人”这个期待背离的原因。	• 活动挂图 • 马克笔 • 胶带 • 提前准备的活动挂图或卡片	30 分钟
准备工作： • 环节 3.3 的“属于和不属于正向教养教育行为”活动挂图或卡片。		

家长导师须知

① 了解有关体罚对儿童影响的更多信息，请浏览文献《暴力侵害儿童状况分析》（陈晶琦，北京大学儿童青少年卫生研究所）。附录 4：《儿童虐待的具体表现及儿童虐待的长远影响》。

② 了解体罚在中国法律中更多的信息，请浏览《中华人民共和国未成年人保护法》《中华人民共和国反家庭暴力法》。

③ 了解有关体罚的常见问题答案，请浏览文献《隐藏于眼前：有关暴力侵害儿童行为的数据分析》《禁止对儿童施行任何形式的体罚：常见问题及答案》。

过程：

1. 导师引入话题，儿童有哪些权利？邀请家长回应。

2. 导师介绍：所有儿童都享有基本权利。《儿童权利公约》旨在为所有儿童提供保护，确保儿童能享有最佳的成长环境。世界上几乎所有国家都已批准通过《儿童权利公约》。该公约根据儿童的发展需求，规定了所

① 参考《正面纪律：是什么以及怎么做》（*Positive Discipline in Everyday Parenting*）（第四版）、《家长实施的体罚和儿童的相关行为和经历：元分析和理论综述》（*Corporal Punishment by Parents and Associated Child Behaviors and Experiences: A Meta-Analytic and Theoretical Review*）。

有儿童应享有的权利，确保了我们的所做所想都是符合儿童利益的最大化。其中的三项儿童权利与正向教养有着尤为明显的关联。

（1）儿童享有获得保护，不受一切形式暴力伤害的权利。我们将通过学习，不再使用体罚和羞辱性惩罚的方式解决亲子矛盾，保障儿童受保护权的实现。

（2）儿童享有尊严得到尊重的权利。我们将通过学习，不再使用贬低、辱骂或威胁等羞辱儿童的方式来教导孩子，维护他们的尊严。

（3）儿童享有表达自己意见的权利。我们不仅需要学习如何与孩子谈话，还要学习倾听孩子的想法和接纳孩子的感受。

（4）儿童需要与照顾者建立良好的关系。尊重儿童的权利也意味着满足父母或照顾者的需求。《儿童权利公约》说明家长承担着抚养儿童的首要责任，父母和照顾者同样享有获得支持和帮助的权利。

3. 导师在场内设定两个地点，例如在相对的两面墙上贴上“同意”和“不同意”两个标识。导师介绍环节：接下来，我将会读出若干陈述句子，请大家根据您对句子的理解，作出您的选择。同意句子的表述的家长，请站到“同意”的标识下；不同意句子表述的家长，请站到“不同意”的标识下。

（1）“我希望我的孩子能够明辨对错。”邀请家长前往“同意”或“不同意”的地点。

① 希望孩子明辨对错，表达了家长怎样的期望？

② 大部分家长可能会选择“同意”。导师介绍研究发现[①]，相比没有经历过体罚的孩子，经历过体罚的孩子往往缺乏明辨对错的能力，他们较难与人为善，在没有成人在场的情况下作出“正确”决定的可能性更低。

（2）“我的孩子打其他孩子是没有问题的。”请前往“同意”或“不同意”的地点。

① 导师提问：站在这个立场，表达了家长怎样的期望？

② 导师介绍研究发现，相比没有经历过体罚的孩子，经历过体罚的孩子更容易对他人进行语言和身体攻击。在童年时期会打和欺凌同龄人的孩

---

① 《家长实施的体罚和儿童的相关行为和经历：元分析和理论综述》（*Corporal Punishment by Parents and Associated Child Behaviors and Experiences: A Meta-Analytic and Theoretical Review*）。

子在长大成人后有更高机率会对其伴侣、配偶或孩子动粗。

• **协作提示 1：**如有需要，导师可以使用《儿童虐待的具体表现及儿童虐待的长远影响》（附录 4）的内容，帮助准备每个陈述句后解释和介绍。

• **协作提示 2：**在这个陈述句子下，导师有可能会遇到家长的提问，如果我的孩子被别人欺负，我是否应该教孩子打回去？这一直是家长感到两难的问题。导师可以这样回应：研究发现在童年时期会打和欺凌同龄人的孩子在成人后有更高机率会对其伴侣、配偶或孩子动粗。同样对应通过打人作为反抗的孩子。邀请大家留意到，以暴止暴，这本身已经不仅仅是一种方法，而是一种价值观——我们相信暴力能够解决暴力。事实上，这种价值观一直存在。所以，在回答这个问题的时候，我们自己的价值观是什么呢？

• **导师还可以这样回应：**谢谢这位家长的提问，这是一个很两难的问题。有家长想分享观点吗？导师对所有分享都不作评论。感谢所有家长的分享，让我们大家可以看到在这个问题上，有这么多不同的视角和价值观。希望对大家有启发。

（3）“我不希望我的孩子成为一名罪犯。”请前往表示“同意”或“不同意”的地点。

① 这句话表达了家长怎样的期望？

② 导师介绍研究发现，经历过体罚的孩子，犯罪、破坏他人财产和做出反社会行为的可能性更大。

（4）“我的孩子吸毒或酗酒是没有问题的。”请前往表示“同意”或“不同意”的地点。

① 站在这个立场，表达家长怎样的期待？

② 导师介绍研究发现，经历过体罚的孩子，患上抑郁症、焦虑症、吸毒或酗酒的可能性更大。

（5）“我希望我的孩子长大后能够与我保持良好的关系。”请前往表示“同意”或“不同意”的地点。

导师介绍研究发现，经历过体罚的孩子，在与父母或照顾者建立幸福有爱的关系上会遇到更多困难，在需要时向父母或照顾者寻求帮助的可能性更小。

（6）导师进行活动总结：感谢大家在这个活动环节内的参与。刚刚我们做了5个陈述，大家也进行了5个立场的选择。大家留意到，其实无论同意还是不同意，每一个陈述都表达了家长的期待。基于研究的分享，邀请大家留意到，使用体罚的方法，会造成更高的风险，使儿童离我们的期待越来越远。孩子更不会去明辨对错，变得更害怕担忧，继而容易出现危险行为，影响亲子关系。

（7）导师提问：小时候被父母打骂的经历，给你带来了什么影响？邀请愿意分享的家长进行分享，导师要注意不需要将注意力放在家长分享的事件或观点表达上，尝试保持从感受上和家长的联结。

（8）分享完毕后，导师可以进行总结。

① 谢谢大家的分享。听到大家分享的被惩罚的经历，有的帮助我们明白了道理，掌握了一些终身受用的技能，也有给我们带来遗憾、不甘或者愤怒这些不好的感受，并改变了我们处事的方式。打和骂，或多或少都给人们带来不良的影响。成长的过程中遭受了各种不好的经历，但我们并没有出现严重的问题。请大家留意，我们现在能够坦然地、笑着说出这些经历，没有被这些打垮。其实是因为我们应对自身经历的方式起到作用，或者我们改变了生活的态度，帮助我们没有出现问题。所以，体罚未必让儿童成人后一定出现问题，但没人会认为体罚是一种好的经历。

② 体罚让孩子受到痛苦的同时，还让他们没有机会表达他们的感受，无法享受到被爱的感觉，无法形成安全感。孩子觉得在遇到问题时，他们会变得孤立无援，那么孩子长大就不会懂得如何应对情绪，不懂得如何向亲近的人求助，更不会将父母视为求助对象。

（9）大家会不会感到很无助，不用体罚还可能用什么？导师允许家长发表一些观点，并尝试从感受上和家长进行联结，不需要作任何回应。

• **协作提示：**请导师留意，家长可能会认为“我小时候也被打过，我觉得没有问题”，“我并没有违法”或“我的宗教信仰允许我这么做”等。导师可以多思考，做好准备回应这类问题。除了上述的参考外，可以留意，家长小时候被打，现在已经没有必要再去指责以前打孩子的人，因为当时的他们，只是做了当时被认为是正常的事情。时代已经改变了，现在我们知道打孩子是错误的行为，打骂会对孩子造成严重伤害。我们可以意识到孩子和成人一样也享有权利，现在是时候确保孩子的所有权利都得到尊重，其中包括获得保护、不受暴力伤害的权利。

除了通过举例研究发现等方式进行回应，导师也可以通过关注感受来进行讨论。例如，可以问：被打和骂，会有什么感受？这些感受会给人改正自己带来什么影响？在感受的回应上，导师尝试只回应感受，不必要评论事件或观点。

有家长可能会问，如果不打，可否通过罚坐等方式来教育孩子？导师也可以从回应感受的方式来促进家长的讨论和思考。

3.6　正向教养目标[①]

目　标	材料工具	需　时
•让父母或照顾者认清自己正向教养的目标。 •认识正向教养目标和对家庭的理想是如何相辅相成的。	•活动挂图 •马克笔 •胶带	45 分钟
准备工作： •第一节小组学习的关于家庭梦想的大白纸，建议在这里进行展示。		

家长导师须知：

不同的文化对于成年的年龄有不同的界定。在我国，法定成年人是 18 周岁。但不同地方对于孩子独立的年龄理解可能有不一样。例如可能会是大学毕业、25 岁或其他年龄，或是某项重要事件，请对情景进行相应调整。

过程：

导师引入话题：接下来，邀请大家听我讲一个故事，如果你愿意，邀请你闭上眼睛。

（1）你的孩子已经长大成人了。你准备为他庆祝 18 岁生日。此刻，他站在你面前。2 分钟的时间，你安静地仔细地看他，他成为怎样的一个人呢？此刻，你和他的关系处得怎样呢？

① 参考《正面纪律：是什么以及怎么做》（*Positive Discipline in Everyday Parenting*）（第四版）。

（2）时间结束后，导师邀请家长睁开眼睛。请家长分享：你看到孩子 18 岁的时候，成为一个怎样的人？（孩子成年后，拥有怎样的品质？）

导师将家长的分享以关键词记录下来。

（3）导师邀请家长分享：成年的孩子和你处得怎样？（亲子关系怎样？）

导师将家长的分享以关键词记录下来。

• **协作提示：**该环节可以使用两列表的形式进行记录

18 岁的孩子	我们的关系
善良、诚实、关心他人和有爱心	友好、相互尊重、相互信任和充满爱

（4）导师进行总结：孩子18岁的时候，我希望他拥有（大白纸上记录的）品质。我期待，我和他的能够维系着（大白纸上记录的）的关系。请家长留意，这些是家长的正向教养目标。

（5）导师总结。

① 正向教养目标帮助我们对影响孩子终生的品质有一个清晰的期待。正向教养目标是我们实践正向教养的基础。所以，它不是我们要求孩子的工具，而是帮助我们觉察我们应该要用什么方法去进行教育的工具。

② 当我们想不断地告诉孩子要怎么做的时候，让我们自己联想到正向教养目标，想到目标中的“有主见”“善于思考”。我们不断告诉他要怎么做，是在帮助他掌握这个品质，还是在让他与这个品质越走越远呢？

③ 当我们想惩罚孩子的时候，让我们自己联想到正向教养目标、惩罚，会不会让我与我自己的期待越走越远？

④ 正向教养目标帮助我们觉察我们自身的作用，在我们情绪开始激动的时候，能像指南针一样，帮我们找回我自己，帮我们知道在教育上，我们究竟要什么。

⑤ 正向教养目标还能帮我们区分我们和孩子的边界，觉察到什么是我们的期待，什么是孩子自己的期待。

（6）请家长回忆第一节小组讨论过的话题，我的家庭梦想——我希望成为一个怎样的家长，我希望别人、子女对我有什么评价。

① 正向教养目标和家庭梦想之间存在怎样的关系？请家长进行分享。

② 导师根据家长的分享进行总结：我们看到，正向教养目标提醒我们，我们对孩子的未来有什么期待；家庭梦想则提醒我们，我们对自己有什么期待。我们坚持正向教养目标，帮助我们家庭梦想的实现。家庭梦想的实现，帮助孩子拥有这些品质，保有亲子之间亲密关系的长久。

•**协作提示**：第一节小组学习的关于家庭梦想的大白纸，建议保留下来，在这里进行展示。或者请家长回顾他们的学习手册。

（7）导师向每位家长发一张便签纸。

① 不使用打或者骂等惩罚为主的教育方法，对你而言意味着什么？

② 请家长将自己的思考写在便签纸上。

③ 请家长分享出纸上的这个思考。

④ 导师不需要对家长的分享进行评论。

（8）导师以感谢结束这个环节。

• **协作提示**：正向教养目标的这个环节，导师需要注意性别视角对于正向教养目标设定的影响。

例如，注意父亲和母亲，他们对正向教养的目标是否会明显不同。例如，现场母亲说得少，父亲说得更多（或相反情况），请所有家长都分享他们的想象。导师可以通过发放便签纸，邀请每位家长先写下来自己的想象，再分享，来保证父亲和母亲都得到充分表达的机会。

导师也需要注意，家长对男孩和女孩的期望是否有不同，可以这样辨析：在这些期待的品质中，如果是男孩，大家会特别重视哪些品质的养成？将家长提出的品质圈出来。对于女孩呢？哪些品质特别需要重视？将家长提出的品质用另一种颜色圈出来。如果差异是明显的，可以追问大家是否留意到，我们对于男孩和女孩有不同的期待？有什么原因吗？突出这部分的品质，对男孩（或女孩）有什么优势？会有什么劣势？如何帮助他们发挥优势，弥补劣势？

导师可以根据实际情况，决定是否在当下强调性别平等。导师需要相信，每个家长都能够在学习中逐步明白性别平等对孩子成长的积极意义。每个家长和孩子一样都有自己的学习节奏。

3.7 本节小组课程结束

感谢家长参加学习小组，以激励话语鼓励他们并提醒他们下一节小组学习的时间。

鼓励家长，向一位家人或者朋友，分享他们在小组的所学所获。

激励的话语：我们今天讨论和建立了我们的正向教养目标。和家庭梦想一样，正向教养目标帮助我们将焦点放在觉察自己的期待以及我们和孩子的关系之上。

我们认识到体罚的危害，我们可能感到困惑，但请留意，参加学习，我们已经在寻找更多其他的方法；参加学习，表明了我们对实现正向教养目标和家庭梦想的决心。下一节，我们再学习一些教育技巧。下节再见！

第 4 节

家庭温暖与指导

本节目标			
• 帮助家长了解：依恋关系对儿童至关重要，依恋关系让儿童获得充分的安全感。 • 帮助家长了解：家庭温暖和指导，能帮助儿童在安全稳定的生活环境中全面发展。			
	课程内容	材料工具	需　时
4.1	欢迎和要点回顾	• 列明今日内容的活动挂图 • 球	20 分钟
4.2	依恋关系	• 活动挂图 • 马克笔 • 胶带 • 依恋关系形象化工具	15 分钟
4.3	家庭温暖和指导	• 活动挂图 • 马克笔 • 胶带 • 形象化工具	40 分钟
4.4	角色扮演	• 案例研究活动挂图（如有需要）	30 分钟
4.5	集体评价和结束	• 活动挂图 • 马克笔 • 便利贴或元卡片和胶带	15 分钟
	总时长		2 小时

环节具体操作指引

4.1 欢迎和要点回顾

目　标	材料工具	需　时
• 向父母或照顾者表示欢迎，介绍今日的环节以及儿童成长小组的最新情况。	• 列明今日内容的活动挂图 • 球	20 分钟
准备工作： • 准备列明今日内容的活动挂图。		

家长导师须知：

如果没有球，可以用纸张揉成一个球状代替。

过程：

向父母或照顾者表示欢迎，感谢他们百忙中坚持参加家长学习小组的学习。展示列明本节课程内容的活动挂图并说明。

（1）在上一节小组学习中，我们探讨了体罚对儿童的负面影响，探讨了正向教养目标对我们的意义。今天，我们将讨论依恋关系，家庭温暖和指导如何帮助我们建立和孩子的紧密情感联结，如何帮助孩子学习和发展。

（2）家庭温暖和指导涉及很多的技巧，在这里将重点介绍其中的一两个。

（3）导师可以询问家长对本节内容有没有什么疑问，并提供回应。

（4）如果家长学习小组和儿童成长小组已经平行开展，则导师可以向家长介绍儿童成长小组的情况，并回应有关儿童成长小组或者整个正向教养服务的有关家长提问。

（5）导师可邀请家长分享自加入正向教养学习小组以来所学到的最重要的东西是什么。

自参加家长学习小组以来，讨论过的话题包括：

- 家庭梦想
- 自我照顾、压力觉察
- 呼吸放松运动
- 保护儿童免受的伤害（儿童虐待）
- 对儿童成长的有利和不利因素以及儿童权利
- 问题盒子
- 正向教养的定义
- 正向教养目标

① 导师可用球来帮助家长分享。请接到球的家长，分享观点。

② 持球的家长在分享后可将球传递给其他家长。直至每个人都有机会分享他们的所学所获。

③ 导师在分享完成后向家长致谢。

（6）导师可通过压力缓解活动帮助家长进入学习状态。

4.2　依恋关系

目　标	材料工具	需　时
• 帮助家长了解依恋关系对儿童安全感和发展的重要性。	• 活动挂图 • 马克笔 • 胶带 • 阅读材料：依恋关系的理论概述	15 分钟
准备工作： • 导师可以根据家长的文化程度，整理依恋关系的阅读材料。 • 在这个短讲环节，导师可以制作或者借助幻灯片、视频、阅读材料等各种教具进行讲解。		

家长导师须知：

这是本课程的第一个导师短讲环节，由导师介绍依恋关系。家长的文化程度有高有低，请导师首先通过自学了解依恋关系的知识，再尝试用通俗易懂的方式帮助家长学习。

过程：

1. 导师引入话题，介绍依恋关系的知识点。

（1）依恋关系是孩子与其照顾者之间积极的互动关系。如果一个孩子与其照顾者建立了安全的依恋关系，那么这个孩子会认为照顾者必定会对其需求作出响应。比如，孩子在心中想：我有需要的时候，只要找妈妈，妈妈就会来照顾我的。这样想的孩子，认为父母很有安全感。

（2）所以，如果孩子感到饥饿、疲累或害怕的时候，他向家长发出信号（哭、向家长伸手、跑向家长），家长及时地满足孩子的需求，安抚孩子的情绪，孩子会树立起信心，会感到自己的自尊。这样能够帮助孩子心理上建立幸福感和健康感。如果这样的自我感觉一直伴随孩子成长，成年后他会是一个内心富足、健康快乐的成年人。

（3）如果孩子有需要的时候，得不到家长及时而持续的响应和照顾，孩子会感到焦虑。例如，他可能会想：爸爸妈妈为什么不理我？是不是我一点都不重要？请留意，孩子是没有能力预测成人的举动的。他不会知道成人什么时候来理他，什么时候不会。（很多时候，成人自己也并不能判断另一个成人的举动。）长久地得不到响应和照顾的孩子，极端的情况，他们可能放弃继续寻求家长满足自己的需求。如果一个孩子从小觉得自己“是不重要的”“不按照家长说的做就得不到关注”“自己的需要不重要”，假如这样的想法伴随孩子长大成人，那么，他将很难理解自己，难以处理和他人的关系，难以照顾其他人。他很难有快乐的感觉。

（4）孩子向家长表达需求，家长响应孩子，这样的互动关系就是依恋关系。安全的依恋关系帮助孩子在成长中建立自尊自我，学会以积极的方式与家长和他人建立健康的关系。依恋关系不是溺爱孩子或者不严厉地对待孩子，而是亲子之间的互动。它与基于孩子的情感需要有关，能在情感上和心理上建立孩子的安全感。

2. 导师可以基于家长的学习能力，整理依恋关系的阅读资料，供家长阅读。

3. 导师可以邀请家长分享：在生活中，有哪些您和孩子积极互动的经历？

4. 导师可以根据家长的分享，归纳总结家长和孩子的积极依恋关系是如何形成的。邀请家长留意，他们和孩子已经以多种方式建立起依恋关系，此步骤是为了帮助家长觉察信心。

5. 提醒家长，依恋关系和《儿童权利公约》中的儿童权利是息息相关的，安全依恋关系是儿童权利得到满足的重要基础。

• **协作提示：**依恋关系是抽象的理论，导师可以寻找或自己制作图像化的工具来帮助讲解。例如“恒河猴实验的视频”“陌生人实验的视频”等依恋关系实验的视频。

在依恋关系的学习中，家长可能提出一个疑问：孩子有需要，我们就马上去满足，这会不会让孩子觉得他所有的需要家长都会给，不给就吵闹？或者这样会宠坏孩子？导师可以从区分满足孩子情感需要和满足孩子物质需要上来进行回应。请导师注意，满足孩子情感需要，是建立安全依恋关系的关键。

导师补充阅读：依恋关系的理论概述

关于依恋关系

依恋是指孩童与照顾者（无论是母亲、父亲还是其他照顾者）建立起来的感情纽带。依恋关系不是由个人的性情决定的，而是由父母是否能及时到位地满足孩子情感需求决定的。

从生物学上来讲，婴儿在探索外部环境时会自然而然地把照顾者当作“避风港和安乐区”。当婴儿感到危险时（无论是真实的危险或是婴儿臆想的危险），他都会跑向照顾者，以期望得到保护和安抚。只要是家人在孩子身边，孩子就能感到安全。因为孩子会觉得，如果他遇到危险，可以随时受到家人的保护。这种想法就是孩子安全感的具体体现。

关于安全感

安全感不仅是一个人身体上的安全，还有感受上的安全。“我感到我的内心是安全的。我有任何时候都值得信任的亲人和朋友，我有需要时他们会马上伸出援手帮助我。我任何时候都能得到家人持续的温暖和关怀，在我陷入困境时（所有的孩子都会经历的），他们总是细心地陪伴我走出低谷。”这就是安全感。

只要是孩子，从出生到成人，只有充分拥有安全感，才会积极探索世界。研究反映，安全感和探索欲望有很大的联系，安全感越高越有探索欲望；安全感越低，探索欲望越低。不断探索的行动，是我们认识世界的一个主要途径。因此，安全感跟学习能力、解决问题的能力、自制力和信心都有很大关系。

依恋关系的种类

1. 安全依恋关系和具体表现

1.1 婴儿期

（1）依赖父母持续提供的舒适环境和安全保障。孩子情绪低落时，父母能够持续地对他们的情感需求作出敏感的回应。父母对孩子的哭啼和烦恼作出积极的反应时，家长正面的形象会在孩子的认知里形成。例如，凌晨3点，家长仍温柔地对待孩子饥饿的哭啼，会让孩子觉得自己备受关爱，并且让他们感到自己很重要。

（2）在父母离开时，孩子会不开心，但是父母回来后又很快开心起来。例如，当婴儿看到父母时，婴儿会微笑；当婴儿不开心时，他们会寻求与父母的肢体接触。

（3）孩子对外界环境有很强的探索心理，在探索过程中又会寻求父母的保护。（正如恒河猴实验中，得到温暖关怀的猴子拥有更强的探索心理，在探索的过程中也会时不时地看向父母）

1.2 幼儿期

（1）孩子能够充满信心地与外界交流。

（2）拥有更高的调节自我情绪的能力。

（3）能很好地理解他人，容易产生共鸣，社交能力优秀。

1.3 学龄儿童期

（1）孩子展现强烈的学习好奇心和优秀的探索能力。

（2）孩子不会欺负别人，也知道如何不被别人欺负。

1.4 成年后

（1）容易和他人的情绪产生联结，善于调节自己的情绪。

（2）和不安全依恋关系的人相比，孩子更自信，能够建立良好的人际关系。

（3）孩子较少出现心理问题。

2. 回避型的不安全依恋关系和具体表现

2.1 婴儿期

（1）孩子并不认为父母可以提供长期的舒适环境和安全保障。当孩子情绪低落想要吸引父母的注意力时，他们常常会被漠视和拒绝。

（2）在与父母分开时婴儿往往不会表现出悲伤的情绪；在父母回来时也是一样的反应。

2.2 幼儿期

（1）孩子表现得易怒，有攻击性和消极情绪，有敌意并且容易迁怒他人。

（2）孩子缺少感同身受的能力，极少与他人产生情感上的共鸣。

（3）孩子表现出极度强烈的不安全感。

2.3 学龄儿童期

（1）孩子容易在学校被老师认为其行为具有攻击性，并且难以进行引导。

（2）孩子有恃强凌弱的行为。

（3）与同龄人相比，学习成绩比较差。

2.4 成年后

（1）孩子过度地投入工作（容易出良好的业绩），但是家庭生活较为混乱，且不擅长处理社交关系。

（2）一些研究表明，回避型孩子容易出现疼痛反应（例如，经常性的或者剧烈的头痛），或者容易患有因炎症引起的疾病。

3. 焦虑型的不安全依恋关系和具体表现

3.1 婴儿期

（1）孩子并不认为父母可以提供长期的舒适环境和安全保障。

（2）父母有时会对孩子的低落情绪作出迅速的反应，有时不会。

（3）就算父母在身边，孩子也不能很好地自己探索周围环境。

（4）与父母分开时孩子会很伤心，并且很难在陌生人的帮助下安静下来（表现出对看护者的过分依赖）。

（5）重聚时，父母的安抚基本不起作用。一些孩子会表现出对家人关心异常的冷漠，有些会持续哭喊但是不会从父母处寻找安慰（寻求安慰但抗拒和父母接触）。

3.2 幼儿期

（1）孩子表现出持续轻微的焦虑感和挫败感，担心照顾者不会陪在身旁。

（2）孩子总是会有担忧，不能随心所欲地探索周围环境。

（3）孩子对身体有很多抱怨（抱怨自己感到不舒服、不健康）。

（4）孩子对其人际关系感到焦虑，担心别人对他们的需求默不回应或是敷衍了事。

（5）孩子面对新奇事物时显得犹豫不决，性格更焦虑、更消极孤僻。

3.3 学龄儿童期

容易被人欺负。

3.4 成年后

（1）工作表现较差。

（2）对工作中的人际关系感到焦虑。

（3）可能经常请病假。

（4）研究反映容易患上慢性疼痛、中风、心脏病、高血压、溃烂症。

依恋关系告诉我们：

孩子和家长的依恋关系决定孩子的安全感。孩子的安全感影响了孩子的探索欲望、学习欲望、在校成绩与在校表现、健康程度、自信心、情感觉察、纾缓能力和成年之后的工作能力，所以，为孩子建立安全的依恋关系至关重要。

还需要留意，孩子的人生开始的时间还不长，都还有机会改变。即使孩子当下可能处于不安全的依恋关系，再者，过往不安全的依恋关系经历时间越长，当下发生改变所需要的时间会更长，面对的困难会更多。但是，从现在开始以一种安全的关系重新起步，还是有机会发生良好变化的。在这个过程中家长也需要支持、鼓励和帮助。请帮助每个家长，相信努力能改变未来。

4.3 家庭温暖和指导[①]

目　标	材料工具	需　时
• 帮助家长了解家庭温暖和指导对儿童成长和学习的重要性。	• 活动挂图 • 马克笔 • 胶带 • 温暖和指导形象化工具 • 买糖的故事 • 接纳和表达感受的挂图或阅读资料	15 分钟
准备工作： • 买糖的故事可以事前用大白纸写下来。		

① 参考《正面纪律：是什么以及怎么做》（*Positive Discipline in Everyday Parenting*）（第四版）。

过程：

1. 导师引入话题：家庭温暖，是最有效的教养工具之一。儿童的安全感从家长营造的家庭温暖中获得滋养，继而让儿童探索世界的欲望和行动持续发生。

2. 导师提问：日常生活中，我们做些什么，可以让孩子感到家庭温暖？

（1）导师记录家长分享的关键词。导师可以在记录的同时，根据右边的要点进行归类，帮助家长更好地理解意义。

（2）导师对家长的分享进行总结。

> **家长营造家庭温暖的意义：**
> **√　确保孩子有安全感**
> **√　确保孩子有被爱的感觉**
> **√　通过语言和行动表达关爱**
> **√　尊重孩子的发展水平**
> **√　留意孩子需要**
> **√　考虑孩子的感受**
> **儿童的安全感从家长营造的家庭温暖中获得滋养。**

• **协作提示：**导师可以使用两列表的形式进行记录。

大白纸样例参考：

家长营造家庭温暖的意义	方　法
√　确保孩子有安全感 √　确保孩子有被爱的感觉 √　通过语言和行动表达关爱 √　尊重孩子的发展水平 √　留意孩子需要 √　考虑孩子的感受	☆　陪伴孩子，拥抱，保护、安慰孩子 ☆　睡前故事、与孩子玩耍、表达爱意，拥抱，陪孩子尝试“冒险” ☆　轻拍孩子背部、用爱称、表达爱意 ☆　给予孩子时间、倾听孩子想法，提期待前考虑孩子能力 ☆　说出孩子感受，鼓励孩子抒发感受 ☆　家长分享方法经验

3. 导师引入话题：我们可以有很多方法来营造家庭温暖。在这节小组学习，我将重点分享一个技巧，帮助家长掌握如何考虑孩子的感受。

（1）导师讲述买糖的故事（第 64—65 页）。邀请家长一起讨论。

① 孩子的话语背后伴随哪些感受？

② 听到家长的话之后，孩子可能有哪些感受？

导师归纳整理学员的分享。

③ 儿童的感受在整个对话中出现怎样的变化？

④ 儿童感受的变化，给对话带来什么影响？

⑤ 导师进行总结：我们看到，对话过程孩子持续地处于负面的感受之中。并且负面感受积累越来越多。大家会看到孩子在最后已经无法听到妈妈的任何说话，他只是处于自己不好的感受里面。

（2）导师提问：在这个情景中，正向教养目标是什么？

① 导师记录分享关键词。

② 导师可以追问：在这个情景中，妈妈有什么感受？导师可以在家长的简单分享后做一个过渡总结：我们看到，妈妈也处于不好的感受中，当时，妈妈也有自己的需要和焦虑要处理。

（3）导师邀请家长阅读“识别和表达感受”的挂图（或阅读资料）。

① 导师邀请家长在白纸上，利用接纳表达感受的技巧，尝试写下“妈妈”的表达方式。

② 导师可以邀请学员进行演示，重新经历故事。

（4）导师进行总结。

① 邀请家长分享：利用识别和表达感受的技巧，是如何帮助正向教养目标的实现的？

② 识别和表达感受的技巧，给孩子带来哪些帮助？

③ 导师可以通过归纳家长的分享进行总结。

4. 导师可以中场休息。

5. 导师引入指导的话题：在学习了家庭温暖的技巧之后，我们学习指导和帮助孩子明白界限、规则和处事之道。

（1）导师邀请家长分享：生活中，哪些例子可以确认是有效的指导？

（2）导师归纳家长分享。（可能包括告诉孩子在困难的情况下会遇到什么事情，让孩子做好应对困难的准备；共同制定和讨论家庭规则；以公平灵活的方式对待孩子；倾听孩子的观点和说明自己的观点；为孩子作出正确决定提供信息；与孩子沟通；以身作则，为孩子树立榜样。）

（3）导师进行总结：指导是提供信息和引导，不是惩罚。解决问题的能力是一项习得技能。在孩子年幼的时候，问题由我们解决，我们为孩子树立榜样，让他看到我们怎样解决问题。随着孩子的成长，我们与孩子商量，共同解决问题，孩子观察和尝试，便会学以致用。

（4）在给予孩子家庭温暖和指导的过程中，以尊重为前提进行沟通十分重要，这意味着我们需要在明确表达自己观点的同时，倾听孩子的想法和感受，向孩子表达我们尊重他们、爱他们并且关心他们。以尊重为前提进行沟通可以避免将问题升级为矛盾。我们将在第 8 节和第 9 节课程中详细介绍以尊重为前提的沟通。

• **协作提示：**和家庭温暖的环节一样，导师可以考虑使用两列表的形式进行记录。

6. 导师帮助家长学习描述表达方式：在指导的实践里，描述是一种基础技巧。

（1）邀请一位家长扮演“孩子”，其他人以家长身份去体验接下来的活动。

（2）介绍规则，每位家长将从导师处拿到“平日教育方式”的一句话。“孩子”走到每位家长面前，听完一句话，不需要回应，到下一位家长面前，直到听完所有的话。

7. 导师站到“孩子”身边并询问。

（1）听到父母对你说的这些话，你有什么感受？

（2）这些话让你有什么想法？

（3）你觉得自己是一个怎样的孩子？

（4）想象和这些父母一起生活，你平时会怎么和他们相处？

8. 导师站到家长们身边并询问。

（1）说出这些话，让你有什么想法？

（2）说这些话时，你有什么感受？

（3）你认为你面前的这个孩子是一个怎样的孩子？

9. 导师向家长们表达感谢。

10. 导师发出“描述的范式”的一句话给家长们。请“孩子”听一次。

11. 在“孩子”听完这些话回来后，询问“孩子”。

（1）听到父母对你说的这些话，你有什么感受？

（2）这些话让你有什么想法？

（3）你觉得自己是一个怎样的孩子？

（4）想象和这些父母一起生活，你平时会怎么和他们相处？

12. 导师询问家长。

（1）说出这些话，让你有什么想法？

（2）说这些话时，你有什么感受？

（3）当你说出这些话的时候，你看到面前的是一个怎样的孩子？

13. 导师可以通过归纳家长们在两个体验中的分享进行总结。

（1）在刚刚的体验中，我们看到两种表达方式反映了两种不同的孩子形象。孩子在听到“描述的范式”话语后，感受、想法和行动都会比听到“平日教育方式”的话语更积极。这正是描述表达方式的作用。

（2）描述的表达方式旨在帮助家长通过向儿童提供面对特定问题的有关信息，帮助儿童学习和尝试解决问题的方法，来替代批评责难。描述是帮助孩子将注意力集中在行动上。

（3）因而，描述的表达方式体现了父母坚持尊重孩子、鼓励孩子，提供信息但不代办，信任孩子能从挫折中学习，愿意和孩子一起寻找解决办法的价值取向。

• **协作提示：** 在协作家庭温暖和指导这个环节，如果导师留意到父亲和母亲之间的教育方法有明显的性别差异，可以考虑调整小组学习的时间安排，与家长充分讨论：父亲和母亲在提供家庭温暖与指导的方式上有什么差异？是什么原因造成差异？

在教育的过程中，家长觉得对于男孩、女孩或者特殊孩子，提供家庭温暖与指导的方式上有什么不同吗？什么原因造成差异？对于不同年龄阶段的孩子呢？

识别和表达感受情景故事——买糖的故事

人物： 妈妈、4 岁的女儿冬冬

故事： 妈妈要求冬冬每天早上 7 点准时起床。一天早上，妈妈要送女儿到幼儿园。妈妈 6 点 30 分起床准备早点。7 点了，妈妈已经叫了三次，但是，冬冬还躺在床上。

终于，和女儿出门了。路过小卖部，女儿站着不走。

冬冬：妈妈，我要吃糖！

妈妈：不可以，我们今天已经晚出门了，再去买糖你上学就会迟到。然后我上班也会迟到。

冬冬：不要，我就想吃糖！

妈妈：不行。再耽搁就迟到了！我上班也会迟到。

冬冬：我就要！我就要……

妈妈：你就是这样不听话吗？我都已经跟你讲道理了！你再吵，我就走，丢下你不管。

冬冬：呜呜呜……我就要糖，我不要，我不要妈妈！

（结束）

识别感受练习表

对　话	孩子话语背后的感受 / 孩子听到妈妈的话后的感受
冬冬：妈妈，我要吃糖！	
妈妈：不可以，我们今天已经晚出门了，再去买糖你上学就会迟到。然后我上班也会迟到。	
冬冬：不要，我就想吃糖！	
妈妈：不行。再耽搁就迟到了！我上班也会迟到。	
冬冬：我就要！我就要……	
妈妈：你就是这样不听话吗？我都已经跟你讲道理了！你再吵，我就走，丢下你不管。	
冬冬：呜呜呜……我就要糖，我不要，我不要妈妈！	

识别和表达感受的范式

1. 说出孩子的感受。

（1）你是感到很愤怒吗？

（2）你是受了委屈。

（3）你的样子看起来很郁闷。

2. 表达对感受的同理心。

（1）我能理解你的愤怒，我遇到这样的事情也会感到愤怒。

（2）这样的事情真的让你受到委屈。我明白的。

3. 和孩子一起寻找抒发感受的合适方法。

（1）“嗯。”（静静地倾听，让孩子倾诉）

（2）我们一起做点什么事情，让你舒服起来？

（3）我们一起出去走走好不好？

（4）我们上天台大吼几声怎样？

（5）你想我在这里静静陪着你，还是让你一个人待着，哪个能让你现在舒服一些呢？

4. 给予孩子肢体上的安抚。

（1）拥抱孩子。

（2）轻拍孩子的肩膀。

（3）轻轻抚摸孩子的后背。

（4）握住孩子的手。

描述的范式

1. 我看到一堆玩具放在地上。

2. 现在 9 点 30 分，我看到你还没有完成数学作业。有什么困难吗？

3. 老师告诉我，你今天和其他同学打架。你愿意和我谈谈吗？

4. 我看到厕所的灯还亮着。

5. 我看到中午的碗筷在洗手池放着。前几天的约定履行得很好，加油坚持。

6. “奶奶再见！”（父亲陪在孩子身边主动向母亲道别。）

7. 我留意你这个下午都在看电视和打游戏。我希望你可以休息一下眼睛。如果你愿意陪我一起去超市买东西，我会很高兴。

8. 我看到你对这次的考试成绩很不满意，很难过。

平日教育方式

1. 命令：马上把地上的玩具收拾干净。

2. 责怪：已经 9 点 30 分了，你还没做完作业，这是怎么一回事？做不完就不要做了，赶紧洗澡睡觉。

3. 责问：老师向我告状，说你和同学打架，你怎么和同学打架？

4. 批评：每次都不关厕所灯，家里没有那么多钱交电费！

5. 命令：中午的碗筷怎么还放着？赶紧去洗碗。

6. 批评：不跟奶奶说再见，你怎么这么没有礼貌！

7. 命令：你总是在打游戏机，作业又扔一边！赶紧做作业！

8. 指责：这次考得不好，哭也没用。赶紧去学习。

4.4　角色扮演

目　标	材料工具	需　时
• 让家长将他们所掌握的有关依恋关系、情感温暖和指导的知识运用于令他们感到有压力的常见教养情景中。	• 案例研究活动挂图	30 分钟
准备工作： • 如有需要，准备案例研究活动挂图。		

家长导师须知：

① 这是一个综合实践环节。实践环节对家长学习小组具有重要意义。在家长学习小组中，每一个实践对家长而言都是“没有代价的练习”。导师可以根据家长的能力程度来考虑，实践的时间，是充分投入到“识别和表达感受”及“描述”的体验和练习中，还是统一在这个实践环节中。

② 角色扮演的实践，经常会有家长困惑于如何扮演儿童。导师可以这样介绍：在角色扮演中，我们不需要努力去扮演你的儿子或女儿。我们只需要成为儿童时候的自己就可以。

过程：

1. 导师介绍角色扮演练习。

（1）导师介绍规则：接下来将有 4 个情景。每个情景将邀请 1 位家长和 1 位“孩子”进行练习。

（2）家长们将有 1 分钟时间阅读情景。

（3）两分钟后进入即兴练习，每个练习大约 4 分钟，或自然结束。

（4）导师确定“家长”角色人选。

（5）导师确定“孩子”角色人选。

（6）导师注意，家长和孩子的配对练习，尽可能呈现为父与子、父与女、母与子、母与女，以便在练习中可以引导性别对教育的影响和觉察。

（7）情景练习完成后进行家长的分享。

2. 情景 1：家长带着 4 岁的孩子乘公交车前往市场。在公交车停车时，这个小孩冲下公交车，穿过马路跑到市场。

一对伙伴完成练习，其他家长作为观察者。

3. 情景 2：家长接到老师的投诉电话，她 7 岁的孩子在课堂总是开小差，还欺负同学。

4. 情景 3：家长看到 3 岁的孩子独自爬到攀爬架的顶端，但此刻他正在哭着看着你，不断嚷嚷：“要下来，要下来，呜呜呜呜……”

5. 情景 4：一个家长，看到 9 岁的孩子，连续好几个晚上，过了晚上 9 点，还在做作业。9 点是亲子之间约定的睡觉时间。

• **协作提示：**如果将下列案例写在活动挂图上有助于家长理解，则将案例写在上面。

6. 练习结束后，导师邀请家长们鼓掌以示鼓励。协助家长进行学习总结。

（1）从 4 个情景练习中看到家长使用了哪些方法给予孩子家庭温暖，哪些方法给予孩子指导？

（2）导师记录家长的分享关键词。

（3）询问“家长”角色：在情景中，你有什么感受？

（4）询问“家长”角色：在情景中，您心中的正向教养目标是什么？

（5）询问“家长”角色：在练习中，您欣赏自己什么？

（6）询问“儿童”角色：在情景中，你有什么感受？

（7）询问全体家长：大家还想到什么方式，在刚刚的情景中可以给予孩子家庭温暖和指导？

（8）导师记录家长的分享。

（9）导师不需要太多点评，以鼓励为目的，简短地结束环节。

• **协作提示：**面对能力水平较高的家长，家长愿意通过分享讨论进行学习，导师可以尝试减少引导提问的设置来协作，例如，在情景中，你对自己有什么觉察？在练习中，你欣赏自己的什么？还有什么方法，做到家庭温暖和指导？

如果导师留意到父亲和母亲之间的方法有明显的性别差异，可以考虑这样协作：大家看到爸爸和妈妈有哪些方法展现出性别的差异？出现差异的原因是什么？可以怎么做，使爸爸或者妈妈都能用到这些方法？

4.5　集体评价和结束

目　标	材料工具	需　时
• 让家长对正向教养小组的满意之处和不满意之处发表意见，以及导师调整。	• 一张印有一个笑脸表情的活动挂图和一张印有一个不高兴表情的活动挂图 • 马克笔 • 便利贴	10 分钟
准备工作： • 准备一张印有一个笑脸表情的活动挂图和一张印有一个不高兴表情的活动挂图。		

家长导师须知：

如家长的文化水平较低，需要考虑改用图片来帮助家长表达建议。

过程：

1. 导师介绍，这是小组中段的一个意见反馈环节，希望了解家长对于前 4 节小组学习的感想，帮助我们了解接下来的课程设定。

（1）将两张活动挂图挂在墙上。邀请家长将对学习小组满意的方面写在便签上并贴在笑脸挂图上。

（2）邀请家长对学习小组可以增加或改善的建议写在便签上，贴在不高兴的表情挂图上。

（3）归纳汇总，读出所有的建议。导师不作评论或者解释，只需要告知家长接下来将根据建议作出有关调整。

2. 感谢家长参加小组学习，以激励的话语鼓励他们并提醒他们下一节小组学习的时间。

3. 鼓励家长，向一位家人或者朋友，分享他们的所学所获。

4. 如果家长学习小组和儿童成长小组已经同步进行，则第一节亲子互动环节将在本节课程后开展。请提醒家长第一节亲子互动环节的时间。

5. 激励的话语：家庭温暖的技巧本质上是给予孩子无条件的爱，以帮助孩子拥有情感上的安全感。指导的本质，是对孩子的错误行为提供引导，对孩子积极行为给予鼓励和肯定。家庭温暖和指导并行，我们将和孩子建立巩固的情感联结。请大家注意，家庭温暖和指导的所有技巧，并不仅仅帮助到孩子，还能够帮助我们自己，觉察我们的压力和不舒适，让我们用恰当的方式进行缓解。感谢大家对学习的坚持。下节再见！

第 5 节

理解儿童的感受和想法（0—5 岁）

本节目标

- 帮助家长学习 0 — 5 岁儿童的发展规律。
- 帮助家长认识如何发现儿童的不安情绪以及安抚情绪不安的儿童。
- 帮助家长树立与婴儿沟通和觉察婴儿感受的意识。

	课程内容	材料工具	需　时
5.1	欢迎和要点回顾	• 列明今日内容的活动挂图	20 分钟
5.2	0 — 12 个月儿童发展规律和情绪不安的表现	• 活动挂图 • 马克笔 • 胶带 • 安全并可供走动的场所	15 分钟
5.3	1—3 岁儿童发展规律和情绪不安的表现	• 活动挂图 • 马克笔 • 胶带 • 用于游戏或讲故事，就地取材的简单道具	40 分钟
5.4	3—5 岁儿童发展规律和情绪不安的表现	• 活动挂图 • 马克笔 • 胶带 • 案例研究活动挂图或纸质资料	30 分钟

（续上表）

	课程内容	材料工具	需　时
5.5	结束		15 分钟
	总时长		2 小时

环节具体操作指引

5.1　欢迎和要点回顾

目　标	材料工具	需　时
• 向家长表示欢迎，介绍今日的环节以及儿童成长小组的最新情况。	• 列明今日内容的活动挂图	20 分钟
准备工作： • 准备列明今日内容的活动挂图。		

过程：

向家长表示欢迎，感谢他们百忙中坚持参加家长学习小组的学习。展示列明本节课程内容的活动挂图并说明。

（1）在上一节中，我们讨论了依恋关系，家庭温暖和指导。本节我们将讨论孩子从出生到 5 岁这一阶段的发展规律。了解儿童发展规律帮助我们理解孩子的行为特点。如上节小组学习的觉察感受，觉察孩子是否处于不安的情绪中是有特别重要意义的。我们将重点了解处于不安情绪中的孩子有什么表现，并巩固学习如何帮助孩子从不安的情绪中走出来。

（2）从本节开始，我们连续三节课程都和发展规律的学习相关。虽然在座有些家长的孩子已经不在这个年龄段，但大家还是有了解的必要的。因为孩子的发展规律具有延续性，我们通过了解这个年龄段的特点，可能会帮助我们识别当下你所关心的一些儿童情况。

（3）《儿童权利公约》强调的一点：家长给予孩子的照顾必须与孩子的年龄阶段、发展阶段和理解水平相符，并且应随着孩子年龄的增长进行调整。

（4）儿童发展规律具有普遍性，这主要针对普通的孩子。如果家中有特殊需要的儿童（例如残障），他或她可能会遵循额外需求和个体化的特点。这个课程希望帮助家长在认识规律的同时调整对儿童的期待。我们也建议你寻求专业人士的帮助。当然我们也会尽力提供我们的帮助。

（5）导师可以询问家长对本节内容有没有什么疑问，并提供回应。

（6）如果家长学习小组和儿童成长小组已经平行开展，则导师可以向家长介绍儿童成长小组的情况，并回应有关儿童成长小组或者整个正向教养服务的有关家长提问。

（7）如果第一节亲子互动环节已经完成，导师可以邀请家长分享他们在活动中的感受。导师可以了解家长在社区海报宣传和社区推广活动的进度。

（8）导师可以利用压力缓解活动帮助家长进入学习状态。

5.2　0—12 个月儿童发展规律和情绪不安的表现①

目　标	材料工具	需　时
• 帮助家长认识儿童从出生到 12 个月这一阶段的发展规律。	• 活动挂图 • 马克笔 • 胶带 • 安全并可供走动的场所	30 分钟
准备工作： • 如果有家长不愿分享自己孩子的故事，导师可提前准备其他的孩子故事，用于本节分享。		

家长导师须知：

① 儿童发展规律尽管具有普遍性，但特殊儿童会存在一些个体化的特点和规律的，导师需要对此有足够敏感度，避免分享和讨论儿童发展规律时过分教条化。家长了解儿童发展的规律，能够帮助家长觉察儿童发展迟缓的风险，或有别于“正常情况”的儿童发展问题，从而促进家长可以尽早了解儿童是否需要更多的帮助。

① 参考《正面纪律：是什么以及怎么做》（*Positive Discipline in Everyday Parenting*）（第四版）。

② 如果儿童需要更多的帮助，导师要意识到家长、儿童甚至整个家庭都会需要得到帮助。因此，正向教养家长学习小组的导师、工作人员，需要做好准备为有需要的儿童及其父母提供帮助。这些帮助包括：转介给其他专业人士，让家长和儿童得到其他服务的建议和支持。导师必须记住一点，特殊障碍分为很多种形式，每种形式都需要具有针对性的诊断、干预治疗和社会帮助。

③ 从前三节小组学习过程中，导师需要了解参加学习的家长，是否有孩子处于相应的年龄阶段。如果家长没有相应年龄阶段的孩子，可以邀请他们联想身边是否有亲属、朋友的孩子处于相应年龄阶段。帮助家长在学习知识的过程中能够维持与现实生活经历的联结。

④ 导师需要学习关于母乳喂养、辅食添加、疫苗接种的知识和信息。需要特别注意的是这些知识是与地域、传统习俗相关联的。

过程：

1. 导师引入话题：今天，我们学习关于 0—12 个月儿童的发展。

（1）提问：孩子在一周岁以前我们怎样照顾孩子，给予孩子家庭温暖以及指导的？

（2）导师记录家长分享的关键词。导师在做快速总结时，可以留意，家长的方法中哪些和安全感以及无条件的爱产生联结的，请重点指出，请家长留意。

2. 导师将通过 3 个问题帮助家长学习儿童发展的规律，邀请家长按顺序分享自己的观察，如果有家长没有想法，可以说“过（Pass）”，下一位家长接上，直到大家的经验分享完毕。

（1）您留意到孩子在 0—12 个月内，有什么感受或者想法？

导师记录家长关键词，注意区分感受和想法，可使用两列表进行归类记录。家长分享结束后，导师可进行快速的总结。

（2）婴儿从出生到 12 个月，你看到孩子会出现哪些新的行为？

导师记录家长关键词，可考虑通过时间轴归类。也可以先记录下来，再邀请家长进行时间轴归类。家长分享结束后，导师可进行快速的总结。

（3）这个阶段的孩子处于不安的时候，你看到会有什么表现？

导师记录家长关键词。

3. 导师可以对以上的分享进行梳理和总结。以下基于儿童发展规律知识的总结，供导师参考。

（1）我们看到这个年龄段的孩子有这些行为会出现。婴儿还无法理解事物，所以他们会容易受惊。他们需要有安全感和被保护的感觉。因此这个阶段是建立婴儿安全依恋关系的关键时期。孩子和家长建立起牢固的情感联结，孩子就知道家长是可以信赖的。信赖会转化为婴儿的安全感，让他们不会因为接触新事物而感到恐惧。

（2）这个阶段的指导，主要体现在对儿童提供及时的日常照料，让婴儿知道他们的需要，家长会及时回应。尽管婴儿尚未学会说话，家长若能花时间对孩子多说话，和孩子进行“沟通”，这样可以促进孩子的语言能力和理解能力的发展。并且，这个过程可以帮助亲子关系的建立。

（3）家长可以将哭泣看作婴儿的一种表达方式。有时候婴儿会长时间哭泣。家长可能通过满足他们对食物或温暖的需求、为他们换尿片或搂抱，来帮助婴儿冷静下来。而有些时候，孩子可能只是因为需要哭泣而哭泣，婴儿与人沟通的方式并不多，哭泣实在是最常用的。不管哪种原因，婴儿哭泣的时候，是需要家长回应的时候，因为这有助于婴儿与家长形成安全依恋关系。请家长留意，婴儿并非有意通过哭泣来惹家长生气或者难过。

（4）家长感到累和厌烦是正常的感受。在这个时期，爸爸和妈妈了解自己的压力、体力和健康状况是很重要的。很多父母因为照顾婴儿及产后恢复的需求，而导致睡眠不足。照顾婴儿所遇到的困难是很多家长的共同经历。如果你愿意说出来，你很有可能发现你身边有很多“同路人”，他们了解你所经受的一切。

（5）到 6 个月左右，孩子开始变得没那么爱哭泣，变得更爱笑。如果婴儿哭泣，可能是因为他们害怕你们会离开他。例如，宝宝在你们离开的时候哭泣。

（6）6 个月的时候，婴儿会牙牙学语，发出“爸”“打”“妈”的声音。这是孩子尝试模仿家长的声音，是学习语言的开始。婴儿还知道，当他们咿咿呀呀时，家长会作出响应。所以，家长为孩子唱歌、讲故事或读书，都有助于孩子语言和沟通能力的发展。这其中的互动过程有利于安全依恋关系的建立。所以，鼓励家长从孩子出生开始就为孩子读书，让孩子接触书本，让孩子熟悉书本的形状、颜色，从书本中学习语言。随着年龄增长，他们会开始捧着书本自己看。对于不认字的家长，可以指认和阐述的方式告诉孩子图片的内容，以这种方式给孩子“读书”，效果是一样的。

4. 导师邀请家长进行一个体验活动，体验如何和婴儿进行沟通。

（1）邀请家长结成 A 和 B 的两人小组（可以与伴侣或配偶组成一队）。第一轮，邀请 A 扮演家长，B 扮演一个 12 个月大的孩子（已经会走路）。

（2）家长带着孩子在小组场地内或安全的空间内进行走动。邀请家长给孩子讲在这路上的所见所闻以及感受。

① 一开始，导师可以引导：请家长带着你的孩子，走在这个空间之内。你会看到，面前有一棵植物。你可以对这孩子说，你看，这是一棵发财树，叶子是绿色的，你想摸这些叶子吗？这些叶子摸起来很光滑。你感觉到叶子有点暖吗？阳光照射在叶子上，让叶子在我们的皮肤上有种温热感。你听到窗外的声音吗？这是路上的汽车的声音。

② 请家长给孩子讲述三个物件，家长可以一边描述物件，一边帮助孩子通过触觉、听觉、视觉等方式感受物件。

③ 完成后，A 和 B 进行角色互换，邀请家长给孩子讲述三个物件，家长可以一边描述物件，一边帮助孩子通过触觉、听觉、视觉等方式感受物件。

④ 练习结束后，请两人小组相互表达感谢，回到座位上。

（3）邀请家长分享体验[①]。

① 在体验活动中，有什么感受？

② 和婴儿的沟通，觉察到有什么是容易做到的？有什么是难做到的？

③ 导师记录家长分享。导师可以根据家长的分享进行归纳总结。总结中，导师以补充观点的方式，强调父亲和母亲与婴儿进行互动沟通是同等重要的。互动沟通有助于孩子的语言能力发展，有助于安全依恋关系的建立。

（4）导师可以分享补充关于 0—12 个月儿童照料的知识点。

---

① 参考《正面纪律：是什么以及怎么做》（*Positive Discipline in Everyday Parenting*）（第四版）。

① 母乳喂养可以为宝宝提供丰富的营养，应该在宝宝出生后的 6 个月内对其进行纯母乳喂养，坚持母乳喂养到 1 岁。在宝宝 6 个月后，可以开始为宝宝添加其他食物。除了可以为宝宝提供高价值营养外，还是母亲与宝宝建立依恋关系的好机会，是妈妈对宝宝作出响应，与宝宝进行眼神交流，安抚宝宝情绪的好方法。父亲和其他家人，可以通过其他工作确保宝宝的基本需求得到满足，如喂食，定时换尿片，确保宝宝体温舒适等，这有助于父亲与宝宝建立关系。

② 除了要确保宝宝获得充足的营养外，你们还必须确保宝宝接种疫苗。如果宝宝错过了疫苗接种的时间，应立即前往医疗机构为宝宝接种疫苗。

③ 随着宝宝年龄的增长，宝宝会触碰所看见的一切物品，并将这些物品放入口中。不论物品质地是软是硬，不论物品是否会发出声响，宝宝都会试图触摸这些物品并放入口中，这是他们认识了解物品的本能方式。你的宝宝并不是“不乖”，他只是在认识这个世界。请家长注意把可能对宝宝造成伤害的物品，例如刀子、取暖器、插座和大型电子产品、易碎品等，放在宝宝接触不到的地方，为宝宝提供一个安全的家居环境。保障孩子的安全是给孩子营造家庭温暖的重要方式。

④ 每个孩子都是独特的，每个孩子开始成长的方式都有所不同。有些孩子可能比较早学会说话，有些孩子则比较早学会走路。孩子的发展速度不一样，这是正常的。家长不必要只关注孩子没有取得进步的方面，可以多发现孩子在哪些方面不断在进步，从孩子的优势方面入手，思考如何促进孩子的全面发展。

• **协作提示：**导师应留意，本节课程将对 0—12 个月、1—3 岁、3—5 岁三个年龄段的发展规律逐一学习，如果参加小组的家长人数多于 10 人，导师可以将家长分成三个年龄段的家长小组，各小组同时进行讨论和分享。然后再采取大组内分享的方式，进行展示和总结。这样既可以在人数较多的情况下保证各人参与度，又能保证大家在计划时间内完成各个体验活动。

5.3 1—3 岁儿童发展规律和情绪不安的表现[①]

目　标	材料工具	需　时
• 帮助家长认识 1—3 岁儿童的常规发展过程。	• 活动挂图 • 马克笔 • 胶带 • 用于游戏或讲故事的简单道具，如蕉叶、花朵、报纸、布块、贝壳	30 分钟

准备工作：

• 如果有家长不愿分享自己孩子的故事，导师可提前准备其他的孩子故事，用于本节分享。

• 导师可以提前了解当地有哪些物品可用作游戏和讲故事的道具。

过程：

1. 导师邀请家长继续通过分享来学习 1—3 岁儿童发展规律。导师可以继续使用顺序分享的方式，直到经验分享完毕。

（1）你的孩子还在 1—3 岁的时候，有什么感受或者想法？

导师记录家长关键词，注意区分感受和想法，可使用两列表进行归类记录。家长分享结束后，导师可进行快速的总结。

（2）你看到孩子有哪些新的行为会在这个年龄段出现？

导师记录家长关键词，可考虑通过时间轴归类。也可以先记录下来，再邀请家长进行时间轴归类。家长分享结束后，导师可进行快速的总结。

（3）这个阶段的孩子处于不安的时候，你会看到有什么表现？

导师记录家长关键词。

（4）在孩子1—3岁这个阶段，我们怎样营造家庭温暖，以及指导孩子？

（5）导师记录家长分享的关键词。

2. 导师可以对以上的经验分享，进行梳理和总结。以下关于儿童发展规律知识的总结，供参考。

（1）对于1—3岁的孩子而言，一切事物都是新奇的，他们充满好奇

① 参考《正面纪律：是什么以及怎么做》（*Positive Discipline in Everyday Parenting*）（第四版）。

心。他们会想要玩、触摸和感受一切物品，探索一切。这个时期是一个令他们感到非常兴奋的时期。想象一下，处于一个什么都是很新奇的世界里，你也一定会尝试学习模仿一切的东西，从走路、说话，到手握物品。在探索这个世界的过程中，孩子需要家长陪在他们身旁，支持他们，与他们玩耍，享受与他们相处的时光。这样，孩子会很快乐地探索世界。

（2）1—3 岁是孩子一个快速成长时期。他们会在这一时期学会走路、跑步、跳跃和说话，因为相应的能力发展了，所以变得十分好动活跃。活动能力的发展让孩子变得更加独立，同时孩子有机会面临更多危险。家长需要把危险物品放在孩子接触不到的地方。告诉孩子什么是危险，开始成为指导的一个重要内容。

（3）这一年龄阶段的孩子会开始说“不”！如果一个刚刚学会走路的孩子对你说“不”，这个孩子并不是对你进行挑衅或要违背你的意愿，而是在用有限的词汇，告诉你他的想法或者感受是什么。孩子想要表达的可能是“我不喜欢那样”，“我不想离开”，“我想要那样”或“我感到沮丧”。请家长留意，孩子们不仅会常常说“不”，他们也常常听到家长对他们说“不”。总是听到别人对自己说“不”，孩子会感到沮丧，会发脾气。家长对孩子响应的方式，要让孩子看到除说“不”以外的其他问题解决方式。

（4）所以，邀请家长注意，区分困难和危险在这个阶段是重要的。危险的事情需要帮助孩子回避；困难的事情，其实可以鼓励尝试。孩子会希望独立地做更多事情，如果家长都是阻止，这不仅会让亲子产生矛盾，也会减少了孩子探索世界的机会。家长陪伴着一起面对困难，是能够探索更广阔的世界，哪怕，探索的只是一个小水坑。

（5）处于这一年龄段的孩子，想象力发展得非常快。这是一个好时光，家长可以帮助孩子理解自己的感受，表达自己的感受。许多孩子会出现恐惧感。例如，在陌生人面前，他们会变得害羞，他们开始怕黑。帮助孩子明白感受，我们可以这样说，“你是感到害怕吗？”“害怕是可以的。”“你有什么感受？”“你想要我抱抱你吗？”“你想到其他地方去吗？”“你想做点别的事情吗？”家长还可以告诉孩子家长自己的感受。此外，阅读绘本，也是帮助孩子认识感受很好的一个方法。

（6）在这个阶段，亲子沟通、阅读、唱歌和玩耍是孩子学习和表达自我的重要方式。

（7）我们看到孩子在不安的时候，有这里的（大白纸上家长的分享）很多具体表现。他们看见或经历了痛苦的事情时，他们感到极度害怕，睡不着，害怕你们一离开就不会再回来。在不安等消极感受的状态下，孩子会对探索和玩耍失去兴趣，经常哭泣。这是孩子在表达他们需要家长。请大家回顾依恋关系和家庭温暖的学习所得，家长可以通过陪伴，给予孩子拥抱，给予孩子安全感，让孩子知道家长关心他们。慢慢地，当孩子冷静下来，家长可以和孩子一起做事、唱歌、跳舞。帮助孩子表达他们的感受，例如，你可以告诉孩子“发生了太多不愉快的事情，你感到不开心，这是可以的，爸爸也不开心。我们找点开心的事情一起做吧”。

3. 请家长进行一个发挥想象力的游戏练习。游戏能够激发孩子的想象力，同时还能帮助孩子从不安中走出来。

（1）导师请家长分为三人小组。请每个小组取一样物件作为道具，5 分钟时间，即兴编一个故事，可以和孩子一起玩。尝试让这个故事能够涉及触觉、听觉、视觉，从而多维度激发孩子的想象力。

（2）导师可以举例子：一片蕉叶。我们可以利用这片蕉叶给孩子讲一个故事。用蕉叶做一顶帽子，扮演一位戴着这顶帽子的善良警察，或用这片蕉叶做一艘船，说一个关于船上乘客和船开往的地方的故事。

（3）请每个小组讲述这个故事，帮助大家相互学习。

（4）导师可以进行总结，指出每个小组的设计哪些方面做得好，能帮助孩子哪些方面发展。主要目的是帮助并肯定家长的尝试。

5.4　3—5 岁儿童发展规律和情绪不安的表现[①]

目　标	材料工具	需　时
• 帮助家长认识 3—5 岁儿童的常规发展过程。	• 活动挂图 • 马克笔 • 胶带 • 案例学习故事（附录 1） • 根据当地实际情况作出调整的案例研究 • 将案例研究资料裁剪好，给每个小组发放一份，或将案例写在活动挂图上	30 分钟
准备工作： • 如果有家长不愿分享自己孩子的故事，导师可提前准备其他的孩子故事，用于本节分享。 • 如有需要，根据当地实际情况对案例进行调整。 • 准备案例研究活动挂图或纸质资料。		

过程：

1. 导师邀请家长继续通过分享来学习 3—5 岁儿童发展规律。导师可以继续使用顺序分享的方式进行，直到经验分享完毕。

（1）你留意到您的孩子还在 3—5 岁的时候，有什么感受或者想法？孩子喜欢什么？不喜欢什么？

导师记录家长分享的关键词，注意区分感受和想法，可使用两列表进行归类记录。家长分享结束后，导师可进行快速的总结。

（2）你看到孩子有哪些新的行为会在这个年龄段出现？

导师记录家长分享的关键词，可考虑通过时间轴归类。也可以先记录下来，再邀请家长进行时间轴归类。家长分享结束后，导师可进行快速的总结。

（3）这个阶段的孩子处于不安的时候，你会看到有什么表现？

导师记录家长分享的关键词。

① 参考《正面纪律：是什么以及怎么做》（*Positive Discipline in Everyday Parenting*）（第四版）。

（4）在3—5岁这个阶段，我们怎样营造家庭温暖，以及指导孩子？

导师记录家长分享的关键词。

2. 导师可以对以上的经验分享，进行梳理和总结。以下关于儿童发展规律知识的总结，供导师参考。

（1）到孩子5岁的时候，大脑90%的功能已经发育完成。对于3—5岁这一年龄阶段的孩子，玩耍和不断提问就是他们学习的方式。有时候，孩子提出的许多问题，让家长感到很厌烦，家长实在不知道该怎么回答。家长不需要太纠结于回答问题本身。保有孩子的好奇心是目标。所以，家长能以尊重的态度回答孩子的问题就很好。例如，“你的问题很有意思，你自己怎么想的？”“我会这样觉得……”“爸爸也不知道答案，要不要一起去看看网上怎么说？”通过这样的回应，帮助孩子努力尝试不同的方式来体验学习新事物的过程，孩子会学到更多的学习方法，为未来学业奠定牢固的基础。

（2）3—5岁是学习规则的好时机。规则本身是抽象的，落到行为上又是具体的。家长可以帮助孩子了解规则背后的原因，例如，“睡觉前，我们可以做一些安静的活动，如看书，因为太吵妈妈会睡不着觉，妈妈会很伤心。”家长可以注意到，在告诉孩子信息的同时，可以倾听孩子的想法。例如，“在妈妈睡觉的时候，你觉得你可以做什么，既可以安静，你又想做的？”这样的询问，可以确保我们提供给孩子的指导，既符合孩子的发展阶段，又能兼顾到家长需要。

（3）想象力发展到这个阶段，孩子已经很擅长玩想象游戏，例如角色扮演。继续玩想象游戏有助于大脑发育。家长可以多陪伴孩子进行各种各样的扮演游戏。如用一个香蕉假装电话，然后打电话给奶奶，孩子可以因此模仿和学习怎么表达对奶奶的关心。扮演游戏能够培养孩子的同情心和解决问题的能力。

（4）孩子的能力发展了，于是他特别喜欢动手为父母“帮忙”。例如他们要拖地、洗碗、种花。这些事，都是他们观察到家长们经常做的事情。孩子这种“帮忙”，是越帮越忙，还是真的帮上忙，取决于家长看待事情的态度，还有家长当下的心情。因为孩子必然会犯错。还是要鼓励家长，从一些简单的事情开始多邀请孩子帮忙。不需要在意孩子“帮倒忙”，家长肯定孩子帮忙的心，表达感谢，并鼓励孩子勤加练习，孩子会有动力学习和锻炼新技能的。请家长注意到，让孩子对自己有信心，是从让他们觉察到自己有能力完成什么开始的。让孩子获得受挫折的韧性，是在孩子遇到困难的时候，还相信自己可以重新再来开始的。孩子会因为受挫发脾气，想放弃。这都是正常的感受。请家长帮助孩子停一停，冷静下来，找到孩子的优点，鼓励他们继续尝试，就好了。

（5）在这个阶段，因为孩子会有很多的成功尝试，且能力得到迅速发展，家长的期待很容易会超出孩子的能力范围。例如，希望孩子安稳地一觉睡到天亮；希望 3 岁的孩子安安静静地坐着 1 个小时。于是，当孩子不愿上床睡觉或发脾气时，我们会认为孩子“执拗”或“被惯坏了”。请家长觉察到这些对孩子的期待，也觉察到家长自己当下的需要是什么。这些觉察帮助家长从对抗中解脱出来：孩子只是表达他的需要，我也有我的需要，我也有我对孩子的期望，我们处于大家的需要和期待有矛盾的时候。有时候这些矛盾不好解决。但起码我们能够先走出负面情绪的影响。然后家长可以相对平静地考虑，怎么和孩子达成共识，解决问题。

（6）请家长留意，对待儿子和女儿，你会不会有不一样的期待呢？觉察到这个点，也是很重要的。鼓励家长慢慢做到一视同仁，这样家庭会幸福和谐。

（7）这个年龄阶段的孩子，不安的原因可能有很多，所以不安的行为表现也很多。厌烦、疲劳、饥饿、挫折、不安、无法用言语表达感受、误解、泄气、恐惧、疾病造成的身体不适和活动的突然中断，都有可能成为孩子不安的原因。请家长注意，孩子目前还不具备清楚地表达自己的感受和想法的能力，还得依赖家长的敏感度和觉察力去识别孩子的状况。当孩子出现了不同于日常反应的行为，或孩子过往希望忽然发生改变，家长都值得注意。

（8）这个年龄段的孩子看见或经历了创伤性的事件后，他们会恐惧事情再次发生；例如对于亲人的死亡，孩子可能会不停地想象自己处于那个事件中，使自己不停地受到创伤，因为孩子并不能理解死去的亲人是不会再回来的。甚至，他可能会理解为亲人的死亡是他们导致的。

（9）因此，面对 3—5 岁的孩子，请家长能够理解他们的这些特点。

随着他们再长大一些，这些想象力是会慢慢消失的。因此，帮助他们在这个阶段不留下恐惧和创伤是最主要的目的。父母在使用符合他们理解能力的语言，照顾孩子感受的同时，坦诚如实地和孩子沟通，是帮助孩子了解事情的沟通原则。如果家长担心孩子无法承担压力，可以寻求社工、心理咨询师等专业人士的帮助。

3. 导师从案例学习故事（附录 1）中根据需要抽取案例，做练习。

（1）邀请家长分成三人小组。每个小组抽取一个案例，分享家长的处理想法。

① 孩子可能有什么感受和想法？

② 这个情景和哪些正向教养目标产生联系？

③ 在这个情景中，你会怎样解决问题，如何兼顾家庭温暖和指导？

④ 请小组内进行分享并记录在大白纸上。

（2）大组分享，并请家长补充建议。

（3）导师表达感谢，结束环节。

5.5 本节小组课程结束

感谢家长参加本次学习，以激励的话语鼓励他们并提醒他们下一节小组学习的时间。

鼓励家长，向一位家人或者朋友，分享他们在小组的所学所获。

激励的话语：0—5 岁这个阶段，孩子几乎把所有的时间都给了家长。再大一点，上学后，他就开始把时间给到了外面的世界，给到老师、伙伴，越走越远。所以，头 5 年的时间是独特的。家长如果用好这 5 年时间，通过家庭温暖和指导，和孩子建立安全的依恋关系，这是一个美好的生命开端。我们都知道，儿歌是这个年龄孩子的最爱。让我们一起合唱一首儿歌，以此结束本节课程。

第 6 节

理解儿童的感受和想法（6—9 岁）

本节目标

- 帮助家长学习 6—9 岁儿童发展规律。
- 帮助家长认识如何发现儿童的不安情绪以及帮助情绪不安的儿童。
- 强化家长与儿童沟通和觉察儿童感受的意识。

	课程内容	材料工具	需　时
6.1	欢迎和要点回顾	• 列明今日内容的活动挂图	10 分钟
6.2	6—9 岁儿童发展规律和情绪不安的表现	• 活动挂图 • 马克笔 • 胶带	30 分钟
6.3	性情	• 活动挂图 • 马克笔 • 胶带 • 关于性情的海报	40 分钟
6.4	案例练习	• 活动挂图 • 马克笔 • 胶带 • 案例研究活动挂图或纸质资料	35 分钟
6.5	结束		5 分钟
	总时长		2 小时

环节具体操作指引

6.1 欢迎和要点回顾

目　标	材料工具	需　时
• 向家长表示欢迎，介绍今日的环节以及儿童成长小组的最新情况。	• 列明今日内容的活动挂图	10 分钟
准备工作： • 准备列明今日内容的活动挂图。		

过程：

向家长表示欢迎，感谢他们百忙中坚持参加家长学习小组的学习。展示列明本节课程的内容活动挂图并说明。

（1）在上一节，我们讨论了 0—5 岁儿童发展的规律、不安表现，以及进行了相应的儿童沟通练习。本节我们开始了解 6—9 岁这个发展阶段。和上节学习一样，继续了解孩子的发展特点，了解处于不安情绪中的孩子表现，并巩固学习如何帮助孩子从不安的情绪中走出来。

（2）同样地，有特殊需要的儿童（例如残障）可能会遵循额外需要和个体化的特点。这个课程希望帮助家长在认识规律的同时，调整对儿童的期待。我们也建议你寻求专业人士的帮助。当然我们也会尽力提供我们的帮助。

（3）导师可以询问家长对本节内容有没有什么疑问，并提供回应。

（4）如果家长学习小组和儿童成长小组已经平行开展，则导师可以向家长介绍儿童成长小组的情况，并回应有关儿童成长小组或者整个正向教养服务的有关家长提问。

（5）导师可通过压力缓解活动帮助家长进入学习状态。

6.2 6—9 岁儿童发展规律和情绪不安的表现[①]

目 标	材料工具	需 时
• 帮助家长认识 6—9 岁儿童的常规发展过程。	• 活动挂图 • 马克笔 • 胶带	30 分钟

准备工作：

• 如果有家长不愿分享自己孩子的故事，导师可提前准备其他的孩子故事，用于小组的分享。

• 阅读《正面纪律：是什么以及怎么做》（*Positive Discipline in Everyday Parenting*）对应的章节内容。

家长导师须知：

请见第 5 节小组课程的“家长导师须知”。儿童发展规律尽管具有普遍性，但需要注意，特殊儿童存在一些个体化的特点和规律，导师需要对此有足够敏感度，避免在分享和讨论儿童发展规律的话题上教条化。

过程：

1. 导师邀请家长继续通过分享来学习 6—9 岁儿童发展规律。导师可以继续使用顺序分享的方式进行，直到经验分享完毕。

（1）你留意到您的孩子还在 6—9 岁的时候，有什么感受或者想法？孩子喜欢什么？不喜欢什么？

导师记录家长分享的关键词，注意区分感受和想法，可使用两列表进行归类记录。家长分享结束后，导师可进行快速的总结。

（2）你看到孩子有哪些新的行为会在这个年龄段出现？

导师记录家长分享的关键词，可考虑通过时间轴归类。也可以先记录下来，再邀请家长进行时间轴归类。家长分享结束后，导师可进行快速的总结。

（3）这个阶段的孩子处于不安的时候，你会看到有什么表现？

导师记录家长分享的关键词。

① 参考《正面纪律：是什么以及怎么做》（*Positive Discipline in Everyday Parenting*）（第四版），《儿童心理急救培训手册》（*Psychological First Aid Training Manual for Child Practitioners*）。

（4）在这个阶段，我们怎样营造家庭温暖，以及指导孩子？

导师记录家长分享的关键词。

2. 导师可以对以上的经验分享，进行梳理和总结。以下关于儿童发展规律知识的总结，供导师在现场进行补充。

（1）现在的6—9岁孩子得益于现代科技，对世界有了更广的认知。这个年龄阶段的孩子已经开始上学。有过幼儿园经历的孩子，已经能够接受与家长的分离，减少了对家长的依赖。这意味着，孩子具备短时间内自我管理的能力。他们能够和其他成人以及孩子相处，能够按照新的时间安排适应环境。许多孩子都具备了形象思维能力[①]以及一定程度逻辑思维能力[②]。这说明孩子开始能够理解事物的相互联系，如原因和后果，风险和薄弱环节的关系。孩子开始对事实产生兴趣，将世界分成两个对立面，如正确的和错误的、好的和坏的。

（2）请家长留意，如果孩子经历虐待或危机等令他们感到痛苦的事情，他们会以不同于正常行为的方式作出响应。孩子对危机作出的常见反应包括肢体活动的变化，例如，变得困惑孤僻，反复讲某件事情，不愿上学，表现出恐惧等。

（3）因为害怕而隐瞒家长一些事情，是这个年龄段孩子的正常反应。例如，孩子可能会害怕承担责任或者害怕惩罚，或者觉得自己应该具备什么能力却做不到的情况，而向家长隐藏某些信息、想法或者感受。因此，家长需要有更多的耐心，用柔和平静的语调与孩子交谈，和孩子并肩而坐，给予孩子安慰，等待孩子冷静下来或感到安全的时候，帮助孩子慢慢地说出他们的顾虑（这个过程有助营造家庭温暖）。家长可以鼓励孩子通过游戏或画画等积极的方式来表达事情，一方面这种方法让孩子容易感受到舒服，另一方面，可以帮助孩子更容易地表述。如果事情本身和孩子无关，家长坦诚地告诉他们，这不是他们的错，是很重要的（这就是给予孩子指导）。

① 形象思维，即艺术思维，就是作家、艺术家在整个创作过程中（从选取生活素材，进行分析、概括、加工、提炼，到完成艺术、文学形象的塑造）所进行的艺术思维活动。

② 逻辑思维，即抽象思维，就是人们在认识过程中，借助于概念、判断、推理等思维形式，反映客观现实的过程。它是用科学的抽象的概念、范畴揭示事物的本质，表述认识现实的结果的思维活动。

（4）请家长意识到，一方面，孩子对事物的相互联系有了更深的理解，能够明白很多道理。另一方面，孩子还是未能够做到举一反三，或者认识意外。例如他们可能知道某个取暖器导致了意外的发生，但他们不会考虑到一般大部分取暖器都不会造成意外。此外，孩子可能因为对规则的遵守，容易出现难以接受变化的情况。还有，孩子有时用一些“奇幻的想法”来解读事情。具体举例，孩子若未能完全理解某个事情是怎么发生的，如果没有人对他们作充分的解释，孩子可能会自行“脑补”。孩子说谎很有可能是以上这些情况的表现，事实上孩子并不是在说谎。家长可以在孩子问起的时候，耐心地解释事情的前因后果，清楚地预告接下来会发生什么，安慰孩子。柔和平静的语言，能够帮助孩子感到安全。

（5）导师可以询问家长，鼓励他们提出疑惑，并可以邀请家长进行分享回应。

6.3　性情[①]

目　标	材料工具	需　时
• 帮助家长认识“性情”，通过性情来理解儿童的行为，从而使家长能够理性平和地看待“恶劣”的行为。	• 活动挂图 • 马克笔 • 胶带 • 关于性情的挂图或者幻灯片	40 分钟
准备工作： • 制作关于性情的挂图或者幻灯片。		

家长导师须知：

① 确保有足够大的空间展示关于性情的 8 幅挂图。

② 本环节所使用的例子，与孩子上学的经历以及学习独立有关系。导师需要留意，所服务社区的这个年龄段的孩子是否普遍进入学校上学。如果所处社区上学不是孩子和家长的分离形式，则需要考虑采用其他适合当地的具体例子。

③ 有些家长可能还没有孩子，导师可以使用其他家长的例子。

① 参考《正面纪律：是什么以及怎么做》（*Positive Discipline in Everyday Parenting*）（第四版）。

过程：

1. 导师引入话题，介绍“性情”。导师呈现“性情”的四个维度的挂图。

（1）6—9 岁的孩子普遍进入学校开始读书。这意味着孩子有越来越多的时间离开家长，在外面的世界，和同学、老师，和更多不同的人相处。孩子的独立性会逐步增强，社交关系开始发展并越来越重要。这时候，家长容易看到孩子似乎产生很多的“问题”。对这些“问题”进行教育，容易产生亲子之间的矛盾。这些矛盾和什么有关系呢？接下来，我们将一起讨论“性情”这个因素。

（2）性情，是指一系列影响孩子理解世界的天生特质。性情影响着孩子个性的形成。性情决定了孩子认识他们所处环境的方式。性情似乎从孩子出生起就一直比较稳定。例如，孩子对上学的反应就取决于其天生的独特性情。有些人表现得非常积极活跃，有些人则更喜欢安静的活动；有些人喜欢交新朋友，品尝新食物，有些人则不愿意尝试新事物；有些人很容易分心，有些人则可以长时间集中精力在某一项工作上。每个孩子的性情都有独特性。

2. 导师展示性情挂图，介绍四个维度的信息内容。悬挂性情的 8 幅挂图时，请在四个维度的高低之间，贴上数字 1、2、3、4，代表四个程度的评分，1 分代表低程度，4 分代表高程度。

（1）请家长站在对应数字，对自己进行评分：活泼程度、注意力分散度、对新环境的适应性、情感表达的强烈程度。

（2）首先讨论活泼程度，请家长对自己活泼程度进行评价，站到相应的数字前面。

① 请家长做一个动作，来展示自己的活泼程度。（活泼程度高的代表动作可能是动、跑、跳；活泼程度低的代表动作可能是静坐、阅读、画画）

② 请家长分享：活泼程度高有什么优势？有什么不足？活泼程度低有什么优势？有什么不足？

③ 导师记录家长分享的关键词。

④ 重复上述步骤，让家长就另外三个维度（注意力分散度、对新环境的适应性、情感表达的强烈程度）进行评价，分享经验。

⑤ 导师表达感谢，请参与人员回到自己的座位上。

⑥ 导师可根据家长分享进行总结。

（3）导师将性情量表发给每位家长。邀请每位家长评价自己一个孩子性情的四个维度。

① 请家长静默 2 分钟，家长可以看着自己评分的孩子性情量表，觉察自己的性情和孩子的性情之间，有什么相似？有哪些不同？

② 请家长进行分享：自己的孩子有哪些优势？

③ 请导师记录家长分享的关键词。

④ 哪些方面家长容易和孩子产生冲突？

⑤ 怎样的相处，既可以缓和孩子的冲突，又能够发挥孩子性情上的优势？

⑥ 请导师记录家长分享的关键词。

（4）导师可以根据家长分享进行归纳和总结。以下总结供导师参考。

① 性情没有好坏之分，只是每个人都有不同的性情。我们的性情让我们变得与众不同。每种性情都有其优点。

② 我们留意到孩子和我们的性情有些维度一致，有些维度不同。因为不同，所以孩子既传承了我们的优点，也拥有他们自己的特点。亲子之间性情的不协调，可能会导致一些矛盾的发展。但归根到底来看，这些矛盾是期望导致的。例如，孩子性情活泼，但父母却希望孩子安静地坐着；孩子容易对很多事情同时感兴趣，但老师希望孩子能够专注一件事情。了解到性情所产生的作用，希望可以帮助家长找到不一样的方法。

③ 请家长注意，虽然性情是天生的，但是我们每个人都会受到我们身边的人和所处的环境影响。在孩子的成长过程中，家人的态度、价值观和行动都会对孩子产生影响。随着孩子年龄的增长以及不在家的时间越来越多，他们就会开始受到文化、宗教、同龄人、媒体等各方面的影响，这就是社会化。例如，在有些文化中，女孩被教育要文静，因此，性情活泼的女孩就要学习成为一个文静的人，而性情比较不活泼的男孩就会被要求变得更加活泼。性情和社会化共同塑造了孩子的个性。对于一个活泼的孩子，要努力地成为一个文静的人，这也是挺痛苦的过程。

④ 顺应孩子的性情，同时给予充足的理解和体谅，帮助孩子逐步地明

白如何在不同的环境中做合适的行为，是家长长期的“功课”。请大家看到以上的一些经验。

性情的量表

性　情

维度 1- 活泼程度			
高：4	3	2	低：1
有些儿童的活泼程度很高——他们喜欢跑、跳、动，他们很少安静地坐着。	有些儿童的活泼程度处于中等水平。		有些儿童的活泼程度很低——他们更喜欢安静的活动，如看书、做手工，他们能长时间保持安静。
维度 2- 注意力分散度			
高：4	3	2	低：1
有些儿童的注意力分散度很高——他们会根据他们在当时所看见或听见的事物，将注意力从某一件事情转移到另一件事情上。由于注意力不断被不同方向的事物吸引分散，他们完成任务需要比较长的时间。但当他们感到悲伤或失望时，他们的注意力又会很快地转移到其他地方，心情也很快变好。	有些儿童的注意力分散度处于中等水平。		有些儿童的注意力分散度很低——他们会坐下来长时间做一件事情。即便感到饥饿或悲伤，他们也不会轻易转移他们的注意力。

（续上表）

维度 3- 对新环境的适应性			
高：4	3	2	低：1
有些儿童对新环境的适应性很高——他们会积极融入到新环境中，朝陌生人微笑，走入新的儿童群体并加入他们的游戏，善于交新朋友，喜欢尝试没有尝试过的食物和活动，去没有去过的地方。	有些儿童的对新环境的适应性处于中等水平。		有些儿童对新环境的适应性很低——处于新环境中，他们会退缩，他们会远离陌生人，花很长时间才能加入新的团体，拒绝尝试没有吃过的食物，不愿或避免去没有去过的地方。
维度 4- 情感表达的强烈程度			
高：4	3	2	低：1
有些儿童情感表达的强烈程度很高——他们会表现出强烈的情绪，如：开心、悲伤、愤怒。你可以清楚知道这些儿童的感受。	有些儿童情感表达的强烈程度处于中等水平。		有些儿童情感表达的强烈程度很低——他们会压抑自己的情绪。当他们感到悲伤时，他们会将情绪隐藏在内心，在内心哭泣；当他们感到开心时，他们只会淡淡一笑。你难以知道这些孩子的情绪。

6.4　案例练习[①]

目　标	材料工具	需　时
• 帮助家长通过案例练习熟悉性情的知识。	• 活动挂图 • 马克笔 • 胶带 • 案例研究活动挂图或纸质资料。	40 分钟

① 案例研究基于《正面纪律：是什么以及怎么做》（*Positive Discipline in Everyday Parenting*）（第四版）。

（续上表）

目　标	材料工具	需　时
准备工作： • 选出最适合当地家长的案例。案例请见案例学习故事（附录 1）。 • 如有需要，根据当地实际情况对案例进行调整。 • 将案例研究资料裁剪好，给每个小组发一份，或将案例写在活动挂图上。		

过程：

1. 请家长分成三人小组。每个小组将收到一个案例。请家长进行一个 4 分钟的即兴扮演。通过即兴扮演的演示，引导家长觉察并分享。

（1）案例中家长的性情、在情景中的感受、以及行为。

（2）案例中孩子的性情、在情景中的感受和想法。

（3）家长的即兴扮演不必太在意结果，只需用心体会互动的过程即可。

2. 用 5 分钟熟悉案例后，即可开始。

3. 即兴扮演结束后，导师请家长相互感谢。

4. 导师邀请家长进行小组分享，讨论上一个小组的即兴扮演。

（1）情景中的家长有怎样的性情？孩子有怎样的性情？

（2）情景内的社会化规则是什么？

（3）情景中，孩子的性情和社会化对他们的行为和反应产生怎样的影响？

（4）大家欣赏情境中家长的什么方面？

5. 导师请小组在大组内进行呈现。

6. 导师基于小组的分享进行总结。对于练习的总结，导师可聚焦在鼓励家长看到自己的优势，以及自我觉察，以帮助家长能够具有动力持续实践和学习。

• **协作提示：**导师在本环节，可以留意家长们的练习会否体现出性别上的对待差异。导师可根据现场家长的情况，增加围绕社会性别的讨论。导师可以进行这样的协作提问：在我们的文化里，我们留意到有哪些孩子的行为，我们对男孩和女孩的接受程度是不一样的？父亲或母亲，会有哪些性情特点，会特别不被家庭或他人所理解？

6.5　本节小组课程结束

感谢家长参加学习小组，以激励的话语鼓励他们并提醒他们下一节小组学习的时间。

鼓励家长，向一位家人或者朋友，分享他们的所学所获。

激励的话语可以这样说：6—9 岁的孩子进入了人生的新阶段，我们需要开始学习逐步放手。父母的放手，对儿童的生命有怎样的意义？对父母的生命有怎样的意义？本节学习，我们了解我们的孩子是与众不同的。我们一起学习了性情，并通过顺应性情和积极的社会化，来帮助我们营造家庭温暖和提供指导。下节见！

第 7 节

理解儿童的感受和想法（10—17 岁）

本节目标			
• 帮助家长学习 10—17 岁儿童发展规律。 • 帮助家长认识如何发现儿童的不安情绪以及帮助情绪不安的儿童。 • 帮助家长认识青春期儿童的沟通和感受觉察。			
	课程内容	材料工具	需　时
7.1	欢迎和要点回顾	• 列明今日内容的活动挂图	10 分钟
7.2	10—17 岁儿童发展规律和情绪不安的表现	• 活动挂图 • 供小组画画用的各种颜色马克笔 • 胶带 • 旧杂志、布块、胶水、剪刀（如选择拼贴画活动）	75 分钟
7.3	我的子女	• 可以在两个固定的点之间来回的场地，如：两面墙或两棵树	30 分钟
7.4	结束		5 分钟
	总时长		2 小时

环节具体操作指引

7.1　欢迎和要点回顾

目　标	材料工具	需　时
• 向家长表示欢迎，介绍今日的环节以及儿童成长小组的最新情况。	• 列明今日内容的活动挂图	10 分钟
准备工作： • 准备列明今日内容的活动挂图。		

过程：

向家长表示欢迎，感谢他们百忙中坚持参加家长学习小组的学习。展示列明本节课程内容的活动挂图并说明。

（1）在上一节，我们讨论了 6—9 岁儿童发展的规律、性情，并进行了练习。本节小组学习，我们开始了解 10—17 岁这个阶段。青春期，孩子会发生很多翻天覆地的变化。我们需要更用心地了解孩子们行为方式背后的原因。

（2）同样地，特殊需要的儿童（例如残障）可能会遵循额外需要和个体化的特点。这个课程希望能在帮助家长认识规律的同时，调整对儿童的期待。我们也建议你寻求专业人士的帮助，当然我们也会尽力提供我们的帮助。

（3）导师可以询问家长对本节内容有没有什么疑问，并提供回应。

（4）如果家长学习小组和儿童成长小组已经平行开展，则导师可以向家长介绍儿童成长小组的情况，并回应有关儿童成长小组或者整个正向教养服务的有关家长提问。

（5）导师可以用压力缓解活动帮助家长进入学习状态。

7.2 10—17 岁儿童发展规律和情绪不安的表现[①]

目 标	材料工具	需 时
• 帮助家长认识 10—17 岁儿童的常规发展过程。	• 活动挂图 • 供小组画画用的各种颜色的马克笔 • 胶带 • 旧杂志、布块、胶水、剪刀（如选择拼贴画活动） • 气球、西瓜或大脑图片	75 分钟
准备工作： • 如果有家长不愿分享自己孩子的故事，导师可提前准备其他的孩子故事，用于本节分享。 • 如使用西瓜进行说明，将西瓜切成两半。 • 如使用大脑图片进行说明，在活动挂图上画出大脑的图案。 • 如使用气球进行说明，给气球充气，然后在充满气的气球上画出大脑的图案。		

家长导师须知：

① 请见第5节课程的“家长导师须知”。儿童发展规律尽管具有普遍性，但需要注意，特殊儿童是会存在一些个体化的特点和规律的，导师需要对此有足够敏感度，避免在分享和讨论儿童发展规律的话题上出现教条化。

② 从画画和拼贴画中选择一项在小组上开展。拼贴画更加适合不习惯用笔的家长，导师需要找到做拼贴画的材料（可以用树枝、花朵、树叶、贝壳和石头等作为材料）。请家长利用这些材料制作一幅画。

③ 围绕青春期开展的讨论可能会提及一些敏感内容。导师可以根据家长的实际情况，考虑是否应男女分开进行活动。请导师留意，父亲和母亲都同样需要学习男孩和女孩的生理发育和情绪发展。

④ 家庭教育结合青春期教育已经是一个复杂化的题目，请导师抱团，

---

① 参考《正面纪律：是什么以及怎么做》（*Positive Discipline in Everyday Parenting*）（第四版），《青少年抗逆力项目：校内外的社会心理辅导——引导师手册》（*The Youth Resilience Programme; Psychosocial support in and out of schools, Facilitator's Handbook*）中的“年轻人的生理发育、认知发展、交际能力发展和情感发展”。

可以在小组学习开始前进行导师教研。

过程：

1. 导师导入话题：孩子到了 10 岁以后，我们似乎不再将他们看作儿童，可称之为少年、少男少女。

2. 导师把家长分为 4 个小组。分别为 10—13 岁男孩组、10—13 岁女孩组、14—17 岁男孩组和 14—17 岁女孩组。

（1）请每个小组，使用现有的材料作画一幅，题目是《青春期的孩子》。（不超过30分钟）

（2）该画要呈现相应年龄阶段的特点和需求，包括生理和心理变化。

（3）呈现这一年龄阶段孩子喜欢做什么，不喜欢做什么。

3. 邀请小组介绍他们的画作。

4. 导师根据家长分享进行归纳总结。总结孩子的特征、青春期的变化等信息。如有导师补充，也可以在总结时补充新信息。以下关于发展规律的总结信息供导师参考。

（1）随着孩子进入青春期，他们的生理和情绪都会发生很多变化。你的孩子虽然不再是小男孩小女孩了，但也尚未成长为成熟的男人女人。

（2）呈现大白纸记录。生理变化包括：

女　童	男　童
•胸部开始发育 •开始长出阴毛、腋毛和腿毛 •开始月经来潮	•睾丸和阴囊开始增大，阴茎开始增长 •开始长出阴毛、腋毛、腿毛、胸毛和胡须 •定期的梦遗标志着进入青春期 •声音变得更加低沉

（3）向家长再次展示大脑形象化的材料，介绍：孩子 5 岁的时候，大脑 90% 的功能都已经发育。青春期也是大脑快速发育的一个时期。青春期出现的很多社交和情绪变化就是由大脑的前端（即前额皮层）引起的。大脑中的这个部位让我们能够作出决定，对他人产生同情心，控制自身情绪，形成自我认识并了解我们行为所产生的后果。处于青春期的孩子开始形成自我身份认同感，责任感越来越重，同时也会产生愧疚感和羞愧感。我们的大脑要在我们 25 岁左右才能完全发育成熟。

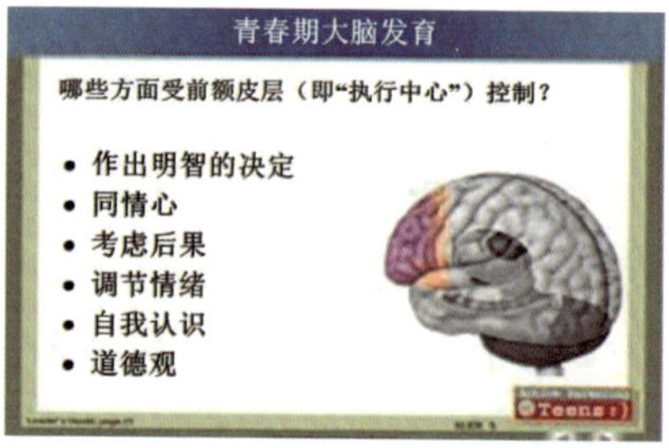

（4）导师可以询问家长，青春期的孩子会出现什么情绪的变化。

（5）因为青春期的大脑发育和生理变化如此的激烈，孩子的想法、做法和情绪可能在家长尚未准备好迎接青春期的时候带来挑战。

男孩和女孩希望更加独立，冒更多的险，但没有清楚考虑后果。孩子的身体变化可能会令孩子变得情绪化。男孩和女孩与同龄人相处的时间增多，与父母或照顾者相处的时间减少。有时即便父母或照顾者不同意，他们也会仿效同龄人的行为。孩子发现他们会不同意父母或照顾者的观点，开始形成了自己的观念。家长可能会担心孩子的安全或健康。

（6）青少年期待家长尊重他们对独立性的追求，尊重对自我身份认同感的探寻。在此基础上，家长应给予他们信任并保障他们的安全。青少年处于自我探索的阶段时，会尝试不同的性格，看看哪种性格更适合自己。他们可能会选择音乐、发型、朋友、信念、爱好和未来计划等作为自我表达的方式。家长若能觉察到自己和孩子的边界感，适当地放手，会有助于孩子在这个阶段对家长保持足够信任和安全感，这样，孩子仍然会征求家长的意见和请求家长提供信息。请家长留意，对于“二孩”家庭，家长不因性别或其他因素而区别对待子女，做到一视同仁，是很重要的。

（7）当青少年经历虐待或其他危机等令他们感到痛苦的事情时，他们会以不同于正常行为的方式作出响应。处于青春期初期的青少年对危机作出的常见反应包括内疚自责、胃痛、头痛、失眠、食欲不振等因精神压力导致的生理健康问题症状，以及回避交际往来。

（8）处于青春期后期的青少年对危机作出的常见反应，包括对自己的无能为力感到内疚，人际关系发生消极变化，忤逆长辈，对同龄人的依赖性增加，做出更多冒险行为或自我伤害的行为，如危险性行为、酗酒甚至吸毒。

5. 将 4 个小组合并成 2 个小组，分别是青春期男孩组和青春期女孩组。分别讨论。

（1）当女孩子或男孩子情绪不安的时候，我们可以怎么营造家庭温暖及指导孩子？

（2）请小组分享，导师记录家长分享的关键词。

（3）导师询问所有家长：在儿童权利层面，这个阶段的孩子，会特别追求哪些权利？

（4）导师可以补充信息：《儿童权利公约》规定儿童享有自由发表言论的权利（第13条）以及思想、信仰和宗教自由的权利（第14条）。不过，家长担心青少年的尝试会对他们造成伤害（如：吸毒、酗酒、性关系、加入帮派），这是能够理解的。实际上，《儿童权利公约》的条款着重于保护儿童远离虐待、毒品、性剥削、违法行为和其他风险。怎么把握好指导的度，是一个长期互动探索的过程。

（5）导师记录家长分享的关键词。

（6）对于这个阶段的孩子，营造家庭温暖还是给予指导，哪个更重要？

（7）在分享结束后，导师以感谢结束本环节。

•**协作提示：**在5.5的分享时，请导师注意，首要目的可以是确保每个想分享的家长都有机会发言，并确保所有家长都能够听见每个家长的分享。需要避免家长进入辩论的状态。导师可以这样说：感谢这位家长的分享，提供了一个观点。感谢这位家长的分享，补充了一种观点。

7.3　我的子女①

目　标	材料工具	需　时
•帮助 5 家长进一步觉察自己对于子女的期待和内在价值观。	•可以在两个固定的点之间来回的场地，如：一间房两个相对的面或两棵树	30 分钟
准备工作： •无		

① 参考《父亲参与项目：导师家访指南》（*REAL Fathers Mentor Visit Guide*）中的“你的子女”。

家长导师须知：

① 家庭教育是提前教育的过程。如果本次家长学习小组的成员是 5 岁以内儿童家长或准父母，本环节仍然值得开展。导师邀请家长想象孩子长大后的情况来进行体验活动。

② 请导师根据本地实际情况调整本环节的内容。

过程：

导师在场内空间中，设定两个地点，例如在相对的两面墙上贴上“同意”和“不同意”两个标识，在中间设置“不清楚”的标识。导师介绍环节：接下来，我将会读出若干的陈述句子，请大家根据您对句子的理解，作出您的选择。同意句子表述的家长，请站到“同意”的标识下；不同意句子表述的家长，请站在“不同意”的标识下。你不确定或者没考虑好的，可以站在“不清楚”的标识下。

（1）“我希望我的女儿和儿子可以完成中学学业。”请家长前往表示你态度的地点。

① 这句话表达了家长的什么期望？

② 这个期待对于儿子和女儿，会有什么不同吗？

（2）“在假期，我对女儿和朋友在外留宿，是有安全感的。”请家长前往表示你态度的地点。

① 这句话表达了家长的什么期待？

② 这句话与哪些正向教养目标形成关系？

③ 目前的什么情况，让家长坚持正向教养目标出现了困难？

④ 可以进行追加：如果是儿子呢？邀请家长前往表示你态度的地点。

⑤ 同一句话，对儿子和女儿，为什么会有不同的态度？

⑥ 这句话，给孩子的成长带来哪些积极作用？可能有哪些负面作用？

（3）“在收割时节，我的儿子应该到田里帮忙。”请家长前往表示你态度的地点。

① 这句话表达了家长的什么期待？

② 这句话与哪些正向教养目标形成关系？

③ 如果是女儿呢？请家长前往表示你态度的地点。

④ 同一句话，对儿子和女儿，为何有不同态度？

⑤ 这句话，给孩子的成长带来哪些积极作用？可能有哪些负面作用？

（4）“我的女儿和儿子有同样多的时间可以做作业。” 邀请家长前往表示你态度的地点。

① 这句话代表了家长怎样价值观？

② 这句话与哪些正向教养目标形成关系？

（5）“我的女儿必须要学会照顾家人和家庭。”邀请家长前往表示你态度的地点。

① 这句话表达了家长的什么期待？

② 这句话与哪些正向教养目标形成关系？

③ 如果是儿子呢？邀请家长前往表示你态度的地点。

④ 同一句话，对儿子和女儿，为何有不同态度？

⑤ 这句话，给孩子的成长带来哪些积极作用？可能有哪些负面作用？

（6）“我的女儿在上学时就怀孕了，这是她的错。” 邀请家长前往表示你态度的地点。

① 这句话表达了家长的什么期待？

② 这句话代表了家长怎样价值观？

③ 这句话，给孩子的成长带来哪些积极作用？可能有哪些负面作用？

④ 如果是儿子呢？“我的儿子在上学时就让女孩子怀孕了，这是他的错。”请家长前往表示你态度的地点。

⑤ 同一句话，对儿子和女儿，为何有不同态度？

（7）导师进行活动总结：感谢大家在这个活动环节内的参与。刚刚我们做了 6 个陈述，大家也进行了不止 6 个的选择。同样，每句话的背后我们都讨论了家长的期待。我们更进一步，尝试将家长对儿子和女儿的想法也呈现出来。似乎，有些事情，儿子和女儿是可以一样的要求。而有一些事情，即使是同一句话，但内在表达的内容、期待、承担责任的程度，都有可能不同。这对于子女而言，是意味着，成长中必须面临的挑战和要求，是不同的。这可能已经超于平等本身。就好像，女孩进入青春期每个月都必须来月经，但男孩没有。父亲和男孩，可能真的很难有对月经的体验。这是我请所有的家长，可以认识到的一点。不能感同身受，但值得体谅。

（8）如果孩子听到这 6 句话，大家觉得他们可能会有什么感受？请家长分享。

（9）导师可以对家长的分享进行梳理总结。导师可以补充观点的态度，进行总结。

① 从这些话中，子女可能还会感受到压力。他们在成长中有很多想做的事情，他们对自己有期待。同时，他们也会大量地接收到来自父母的期待。这是正常的，但也是有压力的。

② 青春期的男孩和女孩都面临着各种压力和挑战。例如，女孩可能会被要求文静贤惠，保持对家人的服从态度。女孩可能会特别承受着被家人强迫结婚而较难反抗。在青春期，女孩特别容易被骚扰，尤其是性骚扰。

③ 男孩则往往被要求坚强勤奋。可能会在就业上被投射更多的期待。可能对传宗接代有更多的要求，请注意，这里说的是传宗接代，不是说爱情也不是结婚这些用词。

④ 青春期的孩子，往往出现这样一个情况：家长觉得孩子大了不再和自己亲，不再像以前什么都和我说。其实，还有另外一面：孩子觉得自己很孤独，有些事可以和同伴说，但更多事情没人可以说。孩子有可能找不到倾诉对象诉说他们所承受的压力。

⑤ 所以请家长留意到，孩子有自己的成长速度、性情和经历。这样每个孩子都与众不同。

⑥ 再次回到一个有趣但挣扎的问题：家庭温暖和指导，对于青春期孩子而言，哪个更需要放在优先位置？请家长分享。

⑦ 导师以感谢结束本环节，导师不必要对家长的分享做过多的评论。

⑧ 可以补充：如果你担心孩子所面临的一些情况和处境，欢迎你随时说出来，很多时候我们家长也需要得到支持和帮助。

• **协作提示：**本环节作为一个价值观觉察的环节，陈述语句特别需要根据当地习俗、文化和家长普遍期待进行调整。在本环节中，提供了较多的协作提问供导师参考，导师可以不必全部使用。邀请导师把握好一个中心：本环节旨在帮助家长思考他们对青春期子女的期待、价值观，创造一个“看到自己”的机会，期待对家长带来启发。

如果在⑥的分享中，导师留意到家长的分享处于一种困扰之中，例如会在分享中提及很多困难，反过来很多提问，导师可以追加一个问题：我们面临哪些让我们放不下的担忧？帮助家长将担忧的情绪、引起担忧的事情，表达出来。

7.4　本节小组课程结束

感谢家长参加学习小组，以激励的话语鼓励他们并提醒他们下一节小组学习的时间。

鼓励家长向他们熟悉的一位家人或者朋友，分享他们的所学所获。

激励的话语可以这样说：青春期永远都是一个家长充满挣扎和不舍得时期。再次提及上一节的一个问题：父母的放手，对儿童的生命有怎样的意义？对父母的生命有怎样的意义？尽管挣扎，但我们仍然在学习。我们在矛盾的心情中放飞孩子。所以，邀请大家通过自己的不懈努力，并且坚持一直以来对家庭梦想和正向教养目标，对家庭温暖和指导的实践，孩子是很爱我们的。下节见！

假如开始筹备社区宣传推广活动，邀请家长留下来落实一下筹备工作的安排。

第 8 节

基于尊重的沟通方法和共同解决问题

<table>
<tr><th colspan="4">本节目标</th></tr>
<tr><td colspan="4">• 帮助家长通过实践深化对正向教养原则、目标、家庭温暖和指导的理解。
• 帮助家长学习基于尊重的沟通方法和合作解决问题的技巧。</td></tr>
<tr><th></th><th>课程内容</th><th>材料工具</th><th>需　时</th></tr>
<tr><td>8.1</td><td>欢迎和要点回顾</td><td>• 列明今日内容的活动挂图</td><td>20 分钟</td></tr>
<tr><td>8.2</td><td>长颈鹿卡片</td><td>• 活动挂图
• 马克笔
• 长颈鹿卡片</td><td>30 分钟</td></tr>
<tr><td>8.3</td><td>日常教养实践活动</td><td>• 长颈鹿卡片
• 案例研究活动挂图或纸质资料</td><td>30 分钟</td></tr>
<tr><td>8.4</td><td>打开问题盒子</td><td>• 长颈鹿卡片
• 问题盒子</td><td>30 分钟</td></tr>
<tr><td>8.5</td><td>集体评价和结束</td><td></td><td>10 分钟</td></tr>
<tr><td></td><td>总时长</td><td></td><td>2 小时</td></tr>
</table>

环节具体操作指引

8.1　欢迎和要点回顾

目　标	材料工具	需　时
• 向家长表示欢迎，介绍今日的环节以及儿童成长小组的最新情况。	• 列明今日内容的活动挂图	20 分钟
准备工作： • 准备列明今日内容的活动挂图。		

过程：

向家长表示欢迎，感谢他们百忙中坚持参加家长学习小组的学习。展示列明本节内容的活动挂图并说明：

> **本节综合练习内容包括：**
> - 0 —17 岁儿童的感受和想法
> - 大脑发育
> - 生理发育
> - 性情和社会化
> - 各年龄阶段儿童的不安情绪表现

（1）经过前面三节的小组学习，我们已经完成了儿童发展规律和对儿童不安情绪的识别与照顾。这一节开始，我们将进入综合实践练习，探讨如何将家庭温暖和指导结合起来与孩子一起解决问题。

（2）导师可以询问家长对本节内容有没有什么疑问，并提供回应。

（3）如果家长学习小组和儿童成长小组已经平行开展，则导师可以向家长介绍儿童成长小组的情况，并回应有关儿童成长小组或者整个正向教养服务的有关家长提问。

（4）导师可邀请家长分享自加入正向教养小组以来所学到的最重要的东西是什么。

① 导师可使用球来帮助家长分享。请接到球的家长，分享观点。

② 持球的家长在分享后可将球传递给其他家长。直至每个人都有机会分享他们的所学所获。

③ 导师在分享完成后，向家长致谢。

（5）导师可以压力缓解活动帮助家长进入学习状态。

8.2 长颈鹿卡片[①]

目　标	材料工具	需　时
• 帮助家长学习非暴力沟通的技巧。	• 画有一只长颈鹿的活动挂图 • 每位参与人员一张的长颈鹿卡片	20 分钟

准备工作：

• 在活动挂图上画一只长颈鹿。

• 为每位参与人员打印一张长颈鹿卡片。

家长导师须知：

案例二选一（用于家长讨论）。

A：孩子两岁，他看到任何物品都伸手去摸。他看到你在切苹果。他把你放桌上的水果刀拿了起来。

B：你着急出门。你 7 岁的孩子正在玩耍。在你告诉孩子是时候要出门后，他并没有过来。当你再说一遍出门的时间到了，他还是没有过来。

过程：

1. 导师引入话题：面对问题、解决问题是每个人每天都在经历的事情。孩子小的时候，问题由家长解决。随着孩子成长，我们要逐步帮助孩子自己去解决问题。到今天，我们再仔细地想一下，是不是真的这样呢？

（1）在这里，我想提供另一个思路：无论孩子多大，从出生开始，他和家长一样都在努力解决问题。例如，孩子 2 岁多开始，总是会努力爬高爬低。他在解决什么问题？他在努力让自己能够爬上沙发，努力让自己站上去，努力看到他站在地上看不到的风景。他在努力解决爬上去接受更多的挑战。小孩子爬高爬低，对家长而言是另一个要努力解决的问题：孩子的安全，孩子别摔下来。大家都在解决各自认为重要的问题而已。所以说，在孩子小的时候，并不完全都是家长在解决问题。

（2）我更愿意说，随着孩子成长，家长在帮助孩子在生活中学习能够同时解决多个问题的能力和方法。例如，让自己站得高看得远是好样的！

---

① 参考《父亲参与项目：导师家访指南》（*REAL Fathers Initiative Mentor Visit Protocol*）中的“黄卡”活动。长颈鹿卡片参考《儿童和青少年日常生活中的矛盾管理与和平构建资源包》（*Conflict management and peace building in everyday life, A resource kit for children and youth*）。

同时还要学会怎么爬，怎么站，能够保证自己的安全。孩子小的时候，家长帮一些忙。孩子长大了有能力了，家长和孩子自己都能兼顾了。所以说，事实上，孩子和家长从出生开始已经合作一起解决孩子成长的很多问题了。

（3）家长帮助孩子学习更多问题解决的方法有哪些？——做榜样、告诉、引导、讨论、商量。除了做榜样，其他四样都和沟通有关。具体怎样实践呢？

2. 导师介绍“长颈鹿的语言”。

（1）长颈鹿是心脏体积最大的陆地动物，高大的身躯使其可以看清楚周围发生的一切，它们的生活充满了善意和力量。简单地说，长颈鹿“心大”——心宽，不乱不急，不觉得自己容易被攻击；“草食”——不攻击他人。长颈鹿的语言代表一种平和，能觉察自己感受，能尊重他人感受和需要，同时表达自我需要和行动的沟通方式。

长颈鹿语言的特点：

- 是一种发自内心的真诚语言
- 以令人感到舒适的方式进行沟通
- 希望创造更多让人有意愿做出改变的机会
- 绝不要求他人必须做某件事情，不对他人发号施令
- 明确说明某个人当前想要什么，而不是过去想要什么
- 对自己的感受负责

（2）长颈鹿语言是融合了自我觉察和自我表达的沟通方式。

（3）导师展示长颈鹿语言的特点挂图，并进行介绍。

（4）导师派发长颈鹿卡片，并进行介绍。

（5）导师可以通过例子来帮助家长熟悉长颈鹿卡片。

① 例如，有一天孩子放学后，过了 6 点还没有回家。你非常担心孩子是否发生了意外。孩子回家后家长可以拿出这张长颈鹿卡片，与孩子谈谈所发生的情况。

② 情况：我看到时间已经过了 6 点，你还没回家。平时这个点你已经回家。

③ 感受：我感到很担心，害怕你是不是遇到什么意外。

④ 讨论：我希望自己能够安心一些，有什么建议可以给我吗？

⑤ 询问家长对于长颈鹿的语言，有什么疑问。协助家长进行理解。

⑥ 导师可以补充，请家长注意，长颈鹿语言以表达我自己为主，避免

了对他人的评判和指责。第一人称的表述可以令家长明确自己对情况的看法或感受。在此前提下，第一人称的表述有助于找到解决矛盾的方法。

3. 导师选择导师须知提供的 1 个案例，引入练习。

个人练习：邀请家长进入情景中，首先与自己对话。

（1）深呼吸。

（2）我看到什么情况，请家长写下来。

（3）此刻，我有什么感受？

（4）在这个事情中，我的正向教养目标是__________。

（5）我对孩子说：________________。

（6）邀请家长进行快速分享。

（7）导师可以对家长分享进行总结，重点围绕感受、目标和表达进行呈现。

4. 导师协作家长讨论。

（1）练习给你带来怎样的感觉？

（2）你觉得，孩子听到你这样说，会有什么感觉？

（3）尊重的沟通，说的是什么？

（4）导师可以根据家长的分享进行总结。

•协作提示：如果时间充分，或导师重视巩固家长对长颈鹿语言的理解，导师可以在个人练习后，邀请家长进行角色扮演，扮演内容为案例以及家长的表达方式，然后，再围绕角色扮演，使用“4.导师协作家长讨论”。

可以询问家长，长颈鹿语言如何用于与伴侣的沟通。

长颈鹿卡片

• 情况：我看见了什么？发生了什么？

• 感受：此刻，我有什么感受？

• 讨论：在不要求或不告诉他人应该怎么做的前提下，我们一起做些什么来达成一致意见？

8.3　日常教养实践活动[①]

目　标	材料工具	需　时
• 帮助家长进行长颈鹿语言练习。	• 长颈鹿卡片 • 案例研究活动挂图或纸质资料	30 分钟
准备工作： • 准备案例研究活动挂图或纸质资料。		

家长导师须知：

① 导师需要选择最贴近当地情况的案例。导师也可以根据家长情况，考虑采用已经用过的案例，还是采用新案例。

② 导师在选用各年龄阶段儿童的案例的同时，也可以考虑一些成人的案例，因为父亲和母亲之间同样需要基于尊重的沟通，并一同解决问题。所以，父母之间的关系也是正向教养的重要部分。

过程：

帮助家长分成两人小组，分为 A 和 B。为每个小组提供两个不同年龄阶段的案例。（选择范围：0—12 个月、1—2 岁、2—3 岁、3—5 岁、6—9 岁、10—13 岁、14—17 岁、家长之间）

（1）邀请两人小组进行 5 分钟角色扮演，练习长颈鹿语言。

（2）第一段练习时间 5 分钟。时间到，导师提示交换角色进行另一个案例的练习。

（3）邀请两人小组进行讨论，并记录要点。导师可以提前将以下引导问题用大白纸呈现出来。

① 在情境中，我有什么感受？我有什么想法？

② 对于孩子：听到家长说的话，有什么行动打算吗？

③ 在练习中，我对自己有什么觉察？

④ 长颈鹿语言的使用，我遇到什么挑战？

（4）导师邀请两人小组进行大组内分享。导师可重点协作练习觉察

---

① 参考《父亲参与项目：导师家访指南》（*REAL Fathers Initiative Mentor Visit Protocol*）中的"黄卡"活动。长颈鹿卡片参考《儿童和青少年日常生活中的矛盾管理与和平构建资源包》（*Conflict management and peace building in everyday life, A resource kit for children and youth*）。

和挑战的讨论。

（5）导师可与家长一起针对分享中的疑问进行反馈。

（6）导师以感谢结束本环节，导师不必要对家长的练习本身作过多的评论。

• **协作提示：**若时间允许，导师可以考虑让角色扮演练习变成大组内的演示，或者请愿意在大组扮演的家长进行演示。

8.4 打开问题盒子[①]

目　标	材料工具	需　时
• 帮助家长面对自己提出的问题，进行练习。	• 问题盒子 • 长颈鹿卡片	30 分钟
准备工作： • 确保问题盒子和问题在本环节开始前已经准备好。		

家长导师须知：

提示导师，对于小组中不认字的家长，需要提前做好准备，帮助他们读出他们的问题。

过程：

1. 导师将问题盒子放回到小组的中间。可以这样说：经过这段时间的学习，我们现在一起重新回到我们提出的问题上来。

2. 将“问题盒子”中的问题归还家长。请家长再次读出问题。

3. 三分钟静默时间，请家长通过长颈鹿语言考虑如何面对问题。请家长将解决方法记录下来。

4. 邀请家长分享。

（1）导师可以在每位家长的分享后，作出引导提问：大家欣赏这个家长的哪些想法或方法？

（2）如果是你面对这个问题，你还会想到哪些方法？

（3）分享结束后表达感谢。导师以鼓励和肯定家长的思考和尝试为主要目的。如果导师自己有想法，可以以补充信息的方式来表达。

① 参考《正面纪律：是什么以及怎么做》（*Positive Discipline in Everyday Parenting*）（第四版）。

8.5　集体评价和结束

目　标	材料工具	需　时
• 让家长对正向教养小组的满意之处和不满意之处发表意见，从而帮助家长梳理自身学习体验。	• 活动 8.2 中用到的长颈鹿活动挂图	10 分钟
准备工作： • 将活动 8.2 中用到的长颈鹿活动挂图挂在会议室前方。		

家长导师须知：

如果家长的文化水平较低，导师需要考虑改用图片来帮助家长表达建议。

过程：

1. 导师悬挂长颈鹿挂图。

2. 导师介绍：接下来，我们进入回顾和结束环节了。现在请大家想象自己变成一只长颈鹿。

（1）回顾我们的家长小组学习至今，学习的过程是开心和舒服的，长颈鹿将会抬高它的头，抬得越高，表示开心和舒服的程度很高。

（2）学习的过程是有时开心，有时不开心，长颈鹿将会把头放到和腰部持平的位置。

（3）学习的过程是感到难受和不舒服的，长颈鹿将会低下它的头，低头越靠近地面，代表不舒服和难受的程度很深刻。

（4）邀请家长分享，在小组学习中，他们喜欢的学习过程是怎样的，不喜欢的学习过程是怎样的。

（5）导师表达感谢，并帮助家长意识到他们喜欢的学习过程、方式。鼓励他们继续持续地进行学习。

感谢家长参加学习小组，以激励的话语鼓励他们并提醒他们下一节小组学习的时间。

鼓励家长向熟悉的一位家人或者朋友，分享所学所获。

激励的话语可以这样说：我们的学习迈进了一大步，我们正在不断练习我们的技巧。邀请大家回家也继续实践。下节见！

假如开始筹备社区宣传推广活动，邀请家长留下来落实一下筹备工作的安排。

第 9 节

基于尊重的沟通方法和维系和谐的家庭关系

本节目标			
• 深化练习基于尊重的沟通方法。 • 帮助家长加深对和谐家庭关系的理解。			
	课程内容	材料工具	需　时
9.1	欢迎和要点回顾	• 列明今日内容的活动挂图	10 分钟
9.2	肯定与鼓励	• 无	30 分钟
9.3	蒙眼沟通	• 可以用来蒙住眼睛的工具，如围巾或布块	25 分钟
9.4	综合练习	• 无	45 分钟
9.5	结束		10 分钟
	总时长		2 小时

环节具体操作指引

9.1　欢迎和要点回顾

目　标	材料工具	需　时
• 向家长表示欢迎，介绍今日的环节以及儿童成长小组的最新情况。	• 准备列明今日内容的活动挂图。	10 分钟
准备工作： • 无		

过程：

向家长表示欢迎，感谢他们百忙中坚持参加家长学习小组的学习。展示列明本节课程内容的活动挂图并说明。

（1）今天，我们将继续重点探讨与孩子和伴侣之间基于尊重的沟通。我们在过去几周所学习探讨的内容都表明了，以尊重为前提与孩子进行沟通十分重要。沟通发挥着重要的作用。通过沟通，让子女有被爱的感觉，给予他们安全感，让他们具备学习的能力；我们通过沟通鼓励孩子与我们分享他们的看法和感受；我们通过沟通与孩子共同解决问题。在我们与伴侣和大家庭中的其他家庭成员的相处中，基于尊重的沟通和解决问题同样重要，做到以尊重为前提进行沟通和解决问题才能建立和谐的家庭关系。家长在努力以身作则，为子女树立以尊重为前提进行沟通的榜样，请大家为此而共同努力。

（2）导师可以询问家长对本节内容有没有什么疑问，并提供回应。

（3）如果家长学习小组和儿童成长小组已经平行开展，则导师可以向家长介绍儿童成长小组的情况，并回应有关儿童成长小组或者整个正向教养服务的有关家长提问。

（4）导师可以压力缓解活动帮助家长进入学习状态。

9.2 肯定与鼓励[①]

目　标	材料工具	需　时
• 帮助家长学习肯定与鼓励的技巧。	• 活动挂图 • 马克笔 • 胶带 • “肯定与鼓励”挂图或者阅读材料	30 分钟
准备工作： • 导师可以提前制作“肯定与鼓励”的挂图，也可以制作成阅读材料。		

过程：

1. 导师引入话题：积极的和基于尊重的沟通，能给人带来信心，带来力量，并且相信自己是有能力的人。

2. 请家长分成两人小组，分成 A 和 B。如果夫妻双方在场，可以让夫妻在同一组。

在两人小组内完成第一个互动：在学习过程中，你看到对方的3个优点。

3. 小组互动完成后，导师协作大组分享。

（1）听到伙伴说出你的优点时，你有什么感受？

（2）在刚才的互动中，你对自己有什么觉察？

（3）导师记录家长分享的关键词，并作快速的总结。导师可能会留意到，有些家长会因他人的肯定而感到开心愉悦。有些家长会对此感到不适。（可能是因为肯定的话说得模糊；也可能因为有些家长在过去并不常被他人肯定，没有认识自己的价值。）这些都是正常的。导师可以留意到，人们对于他人的肯定产生复杂的感受，每一种的感受都有其背后的故事。

4. 导师展示“肯定与鼓励”的挂图，请家长进行阅读。

（1）邀请家长分享：肯定与鼓励的意义中，哪些字句最引起您的注意？

---

① 参考《父亲参与项目：导师家访指南》（*REAL Fathers Initiative Mentor Visit Protocol*）中的“沟通”活动。

（2）询问家长有什么疑问，导师可在小组中协作所有家长进行回应。

5. 进入第二次情景练习，邀请两人小组确定一人作为家长，另一人作为孩子，此两个角色在情景练习中进行轮换。

• 情景 1：你的孩子带回来一张语文考试试卷，70 分。他请你签字。你看到他很害怕，说话吞吐。你检查试卷后，发现其中作文的大部分字都写出格了，而且几乎全部字都写得比较潦草。老师也在作文的评分中写了“字迹潦草出格”的评语。

• 情景 2：孩子和你一周前达成了一个作息时间表，孩子愿意每天完成作业后，才看电视。在周一到周四，孩子都很好地坚持下来了。今天周五，你的孩子完成了语文作业，是抄写今天的一篇课文。你检查后发现大部分的字都写出格了，而且几乎全部字都写得比较潦草，很明显孩子是为了赶在他喜欢的电视剧播放前把作业完成。

（1）邀请家长尝试运用“肯定和鼓励”的技巧进行练习。3 分钟的静默时间，思考以下问题：

① 我看到孩子的试卷 / 作业时，我有什么想法？我的感受是什么？

② 我希望我与孩子的对话有什么结果？

③ 肯定与鼓励的话语：____________。

（2）练习开始，每个练习 4 分钟。导师可在时间到后提示角色轮换，进行第二个情景练习。

（3）练习结束后，邀请家长进行分享；

① 对孩子：听到家长的话，有什么感受？

② 对孩子：有什么行动的想法？

③ 对家长：在练习中，你有什么觉察？

④ 对家长：肯定和鼓励孩子，有什么困难么？

（4）导师对家长的分享进行总结。

（5）肯定和鼓励，使基于尊重的沟通能够与孩子的行动形成联结。家长可通过肯定和鼓励向孩子表达爱意和善意，给予孩子安全感和温暖，鼓励孩子树立自信心和自尊心。孩子因此能够有更多的信心继续前行。这样的沟通，也成为与孩子建立依恋关系的核心所在。

（6）导师可以跟进询问：鼓励和表扬，有什么区别。请家长分享他们的想法。

阅读资料（挂图）：“肯定与鼓励”的关键信息点

肯定和鼓励的意义：

• 肯定：当孩子把事情做好时，当孩子有进步时，当孩子帮助我们时，我们及时使用合适的肯定语言，能帮助孩子再次建立正确行为的神经连接，进一步在大脑内强化他们的良好行为。

• 当孩子被肯定的时候将感受到自我存在感和价值感，这将促进孩子再次做出良好行为。

• 帮助孩子建立良好的自我形象，把初步出现的良好行为内化为稳定的品格和长久能力。

• 当孩子在未能把事情做好、能力还未足够成熟时，我们及时使用鼓励的语言，能够帮助孩子们建立信心，正面看待自己未成长的能力，关注寻找解决困难的出路。

肯定的技巧：

• 对于同一个行为习惯，在孩子做出良好行为时给予肯定，代替在孩子做得不够好时才特别指出批评（比如对于“起床”这个行为习惯，当孩子准时起床时便给予肯定，而不是在孩子没有准时起床的时候给予强烈的负向强化——批评）。

• 给予肯定时，具体描述孩子付出努力的过程或具体行为的细节，而非取得的结果，孩子也将把注意力更多地放在付出努力的过程（比如孩子测验获得高分，可具体描述孩子在测验前花了 3 小时温习，认真阅读课本，耐心做好笔记）。

• 给予肯定时，帮助孩子厘清良好行为背后的品格，从而帮助孩子建立正面自我形象并将其内化（比如当孩子帮忙做家务时便给予肯定，具体描述孩子做家务的行为，肯定孩子拥有“勤劳”这一品格，孩子将把“勤劳”内化为自我的一部分，并可能在其他方面表现出来）。

鼓励的技巧：

• 面对孩子不良行为时，寻找孩子做得好的其他事件，并给予强化肯定。

• 根据孩子的情况安排孩子完成与其年龄相符的任务，创造让孩子体验获得成就的机会。

• 当孩子出现某些进步或优秀行为时，使用可视化的方式把它记录下来，展现出来的成长记录可持续给予孩子激励。

• 使孩子知道自己取得的成绩或进步在更多人的场合中被肯定。

• 家长以身作则，先改变自己可能会影响孩子的负面习惯。

9.3　蒙眼沟通[①]

目　标	材料工具	需　时
• 综合练习，帮助家长体验家庭温暖和指导并重的实践。	• 可以用来蒙住眼睛的工具，如围巾或布块。需要为每对参与人员提供一块蒙眼布。	25 分钟
准备工作： • 无		

过程：

1. 导师引入体验环节。保持原有的两人小组。分发蒙眼的道具。

（1）A 蒙眼，B 通过口头提示的方式，帮助 A 在场内走动，或做任何的动作。此环节 2 分钟。

（2）完成后，角色转换。进行第二次 2 分钟体验。

2. 导师请家长回到座位，或围成圆圈站立，协作家长分享。

（1）蒙着眼活动，给你带来怎样的感受？蒙着眼活动，是什么给你带来安全感？

（2）你欣赏伙伴的哪些方面？伙伴刚刚说过什么话，让你印象深刻？

（3）刚才的体验活动，呈现了一种怎样的关系？

（4）将本次体验的感悟联结到日常生活，你有什么打算？

（5）导师可以对家长的分享进行总结。

① 参考《父亲参与项目：导师家访指南》（*REAL Fathers Initiative Mentor Visit Protocol*）中的“沟通”活动。

9.4 综合练习[①]

目　标	材料工具	需　时
• 帮助家长进行综合的练习，体验良好沟通。	• 活动挂图 • 马克笔 • 胶带	45 分钟
准备工作： • 提前准备与孩子及伴侣良好沟通的阅读材料或挂图。		

过程：

邀请家长分成两个小组，A 组和 B 组。两个小组分别都会接到一个情景和练习提示。请小组进行讨论和练习。

• 情景 1：小贞 17 岁，读书优秀，将会考取好的大学。今天你提早下班，忽然看到女儿和一个男孩在饮品店，手牵手，神态亲密。你还看到女儿主动亲了男孩子。家长将要和小贞好好聊聊。

• 情景 2：小唐 17 岁，很安静的孩子，成绩一直在中游徘徊。这天，妻子暴怒。原因是，早些时候，老师打电话来要求见家长。小唐和同班一个女孩早恋。老师说小唐如果现在不加把劲，明年很难考到好大学。妻子回家后告诉你整个事情，越说越生气。你觉得需要好好地和妻子谈一谈。

（1）小组情景练习任务说明。

① 根据情景，细化成一个 10 分钟的情景对话。

② 小组进行角色分配。每位家长都需要有角色。

③ 情景 1 的主要情景对话发生在家长和孩子之间，情景对话真实，能呈现家长努力创造和孩子的良好沟通，促成共同解决问题的结果。

④ 情景 2 的主要情景对话发生在丈夫和妻子之间，情景对话真实，能呈现丈夫努力创造和伴侣的良好沟通，促成共同解决问题的结果。

⑤ 请两个小组的情景对话都尝试实践小组学习中所学：家庭梦想、正向教养目标、家庭温暖和指导、识别和接纳感受、描述、儿童发展规律和不安表现、长颈鹿语言、肯定和鼓励等。

⑥ 小组有 10 分钟时间准备。

---

① 参考《父亲参与项目：导师家访指南》（*REAL Fathers Initiative Mentor Visit Protocol*）中的“沟通”活动。

（2）情景练习开始，邀请观众组在观看的同时，认真记录：情景中，大家欣赏家长的哪些沟通方式（动作、话语等）。

（3）情景练习完成后，导师邀请全体家长相互表示谢意。导师协作分享。

① 在情景中，你欣赏自己的哪些方面？

② 作为观众，你欣赏家长的哪些方面？

③ 和家人形成良好的沟通，保持和谐的家庭关系，你觉得有什么办法？

④ 导师记录家长分享的关键词。

⑤ 导师对家长的分享进行总结，表达感谢。导师可发放与孩子和伴侣良好沟通的阅读材料。

⑥ 询问家长有没有进一步想分享的内容，最后结束本环节。

9.5　本节课程结束

感谢家长参加学习小组，以激励话语鼓励他们并提醒他们最后一节小组学习的时间。

鼓励家长向一位家人或者朋友，分享他们的所学所获。

激励的话语可以这样说：今天我们进行了很多的练习，邀请大家看到自己的优势，欣赏自己的努力。相信自己，在生活中，和孩子及伴侣，一起营造幸福的家庭。下节见！

阅读材料：与孩子和伴侣维持良好沟通的提示

• 尊重所有人的看法（不论是女孩、男孩、男性伴侣还是女性伴侣）。

• 认真、保持好奇心地倾听伴侣和子女的想法。

• 不打断伴侣和子女讲话。

• 沟通时看着伴侣和子女，保持专注，让自己的肢体语言保持开放、表达没有戒备和生气。

• 不论你是否认可，都对伴侣和子女所说的话表示尊重、认可和坦诚。

• 对孩子解释事情时，既要详细具体，又要认清孩子当前年龄阶段的理解能力水平。

• 首先联结孩子和伴侣的情绪和感受，再沟通具体事情。照顾到孩子和伴侣的沟通节奏。

• 觉察到自己的情绪，能坦诚对待自己情绪。如果你需要时间思考或冷静，说明自己的需求并约定稍后继续讨论。

• 实践“长颈鹿语言”，坚持和孩子及伴侣一起来商量解决问题的方法。

尽力避免：

• 自己处于无法觉察自己情绪、无法控制自己情绪的时候，坚持和孩子及伴侣解决问题。

• 对子女和伴侣大喊大叫或辱骂他们。

• 使用暴力，或是在子女及伴侣面前摔东西。

• 自认为自己知道孩子或伴侣的想法。

• 以消极或批判的口吻进行沟通。

• 认为孩子的理解能力不行。

第 10 节

建设互助的支持网络

<table>
<tr><th colspan="4">本节目标</th></tr>
<tr><td colspan="4">•帮助家长觉察到儿童在社区中面临的问题。
•帮助家长了解如何知道儿童何时需要帮助。
•帮助家长深化认识儿童面临的各种形式的暴力以及暴力对儿童的短期和长期影响。
•确立有助于保护儿童的责任圈和支持网。</td></tr>
<tr><th></th><th>课程内容</th><th>材料工具</th><th>需　时</th></tr>
<tr><td>10.1</td><td>欢迎和要点回顾</td><td>•列明今日内容的活动挂图
•活动挂图："哇！在家长学习小组中，我学到了……""我对……仍有疑问。"
•活动挂图
•马克笔
•胶带
•便利贴</td><td>20 分钟</td></tr>
<tr><td>10.2</td><td>儿童面临的问题</td><td>•活动挂图
•马克笔
•胶带</td><td>30 分钟</td></tr>
<tr><td>10.3</td><td>责任圈</td><td>•活动挂图
•马克笔
•胶带
•画有责任圈的活动挂图，或用粉笔等其他工具在地上画出责任圈
•纸质资料：当地援助人员和机构清单</td><td>40 分钟</td></tr>
</table>

（续上表）

	课程内容	材料工具	需　时
10.4	建设支持网	• 一大团羊毛或细线 • 剪刀 • 活动挂图 • 马克笔 • 胶带	20 分钟
10.5	评价和结束	• 小纸条 • 笔 • 画有表情符号的活动挂图 • 信封或文件夹	10 分钟
	总时长		2 小时

环节具体操作指引

10.1　欢迎和要点回顾

目　标	材料工具	需　时
• 向家长表示欢迎，介绍今日的环节以及儿童成长小组的最新情况。	• 列明今日内容的活动挂图 • 活动挂图：“哇！在家长学习小组中，我学到了……”“我对……仍有疑问。” • 活动挂图 • 马克笔 • 胶带 • 便利贴	20 分钟

准备工作：

• 准备列明今日内容的活动挂图。

• 准备一幅写有“哇！在家长学习小组中，我学到了……”的活动挂图，和一幅写有“我对……仍有疑问。”的活动挂图。

过程：

向家长表示欢迎，感谢他们百忙中坚持参加家长学习小组的学习。展示列明本节课程内容的活动挂图并说明：

（1）坚持学习本身已经是一种成就。到了今天，我们已经到了最后一节小组学习。我们最大的收获，不仅仅是知识和方法。更值得珍视的，是这里所建立的友谊和感情。

（2）展示两幅活动挂图："哇！在家长学习小组中，我学到了……""我对……仍有疑问。"

① 提供两张便签给每位家长，邀请他们写下来。

② 导师邀请家长读出内容，并贴到挂图上。

③ 导师祝贺家长有所收获。

（3）今天，我们将尝试用更广阔的目光来思考暴力和虐待，这个儿童面临的普遍问题，以及讨论如何可以帮助更多需要帮助的儿童，社区中有什么资源，我们可以怎么帮助家庭求助。

（4）我们总会面对困惑。但我们也有能力，在社区中关心和爱护我们身边的所有儿童，以及我们身边的所有朋友。在他们有需要的时候，伸出我们的援手。

（5）导师可以询问家长对本节内容有没有什么疑问，并提供回应。

（6）如果家长学习小组和儿童成长小组已经平行开展，则导师可以向家长介绍儿童成长小组的情况，并回应有关儿童成长小组或者整个正向教养服务的有关家长提问。

（7）导师可以用压力缓解活动帮助家长进入学习状态。

10.2　儿童面临的问题[①]

目　标	材料工具	需　时
• 帮助家长认识社区儿童遇到的问题。 • 帮助家长回顾儿童不安情绪的知识。	• 活动挂图 • 马克笔 • 胶带	30 分钟
准备工作： • 无		

① 参考《青少年抗逆力项目：校内外的社会心理辅导——引导师手册》（*The Youth Resilience Programme:Psychosocial support in and out of schools, Facilitator's Handbook*）"中年轻人对问题的反应及帮助年轻人的方式"。

过程：

1. 导师引入分享：在社区里，儿童正在面临什么问题？

2. 哪些问题，男孩和女孩会不一样？

3. 导师记录家长分享的关键词。

4. 哪些问题，孩子能够独立解决？哪些问题，孩子需要他人的帮助？

5. 导师将分享进行标记。

6. 请家长分成三个小组，对应 0—5 岁，6—9 岁，10—17 岁。当孩子遇到太严重的问题，或者负担太重，我们可能看到哪些情绪不安的表现？

请小组进行分享。

7. 哪些人最有机会发现孩子处于不安和困境之中？

8. 怎么建议孩子去学习求助？

9. 导师记录家长的分享关键词，并进行总结。导师可以重点补充儿童暴力和虐待的问题及严重性。

10.3 责任圈[①]

目　标	材料工具	需　时
•介绍“责任圈”的概念，帮助家长认识在保护儿童免遭暴力伤害中所扮演的角色。 •讨论父母以何种措施加强家庭、学校和社区儿童保护的力度。	•活动挂图 •马克笔 •胶带 •画有责任圈的活动挂图，或在地上画出责任圈 •纸质资料：服务机构清单	30 分钟
准备工作： •在活动挂图上画出责任圈。 •编制服务机构清单纸质资料（请参见附录 6），列明当地社区照顾者和儿童可以求助的服务单位。		

① 参考《儿童保护项目针对父母和照顾者小组培训指南》（*Child Protection Sessions for Parents and Caregivers Training Toolkit*）中的“责任圈”。

过程：

1. 导师展示“责任圈”示意图。向家长介绍：当今社会，儿童的成长是受到很多人支持的。家长并不再像过去一样，只有亲属可以支持。在中国内地，尽管家庭是照顾和培养孩子最主要的力量，但国家也积极发展和建构更完善的环境，帮助儿童健康成长。

2. 导师请家长分成 4 个小组。每个小组代表责任圈中的一环，如第 1 组代表儿童，第 2 组代表家庭等。邀请每个小组用 5 分钟时间讨论以下问题。

① 哪些人或单位处于这一环中？

② 在这一环中，我们是如何保护儿童免受伤害的？

③ 请小组进行分享。

3. 导师可以补充信息：

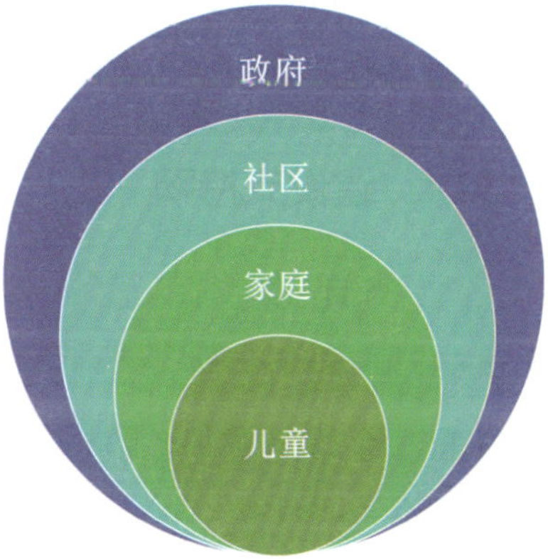

（1）家庭——父母、祖辈和亲属都处于家庭这一环中。家庭在儿童保护中扮演着最为重要的角色。家庭可以选择以单独或集体形式采取措施去应对儿童所面临的暴力伤害，具体包括作为监护人的照顾者，应密切注意儿童是否处于安全的境地，并为维护儿童权益而帮助儿童向外求助。

（2）社区——邻居、社区领导和宗族长老处于这一环。以身作则、互助、呼吁消除暴力是这一环常见的行动。具体举例：以自身非暴力和不具有歧视性的行为为他人树立榜样。社区领导和社区成员都有责任采取措施预防和应对女童、男童和其他家庭成员遭受的各种形式的暴力伤害。社区组织可以制定报告机制，以确保每个人都能在不受到伤害的前提下对伤害男童和女童的事件进行报告。社区组织也可以通过宣传、预防和应对各种形式的暴力，将需要帮助的家庭和儿童转介给相关援助机构，让家庭和儿童可以获得所需的服务和帮助。

（3）政府——学校、警方、医疗机构和社工均在保护儿童免受伤害中扮演着重要角色。政府制定法律，规定伤害儿童的行为属于犯罪行为；警方和司法部门为儿童寻求公正；社工和其他人员在有需要的时候为儿童及其家庭提供帮助。此外，政府积极响应和推动国际公约的实践，例如作为缔约国推动《儿童权利公约》的落实，该公约规定了缔约国有责任以符合儿童利益最大化的方式行动，倾听儿童的观点，保护儿童免受暴力伤害，并为家长照顾儿童提供支持。

4. 导师向家长发放服务机构清单，向家长介绍：在学习小组里，我们除了学习家庭教育的方法和知识之外，我们也提高了对孩子是否处于伤害的敏感度。家长不仅可以保护自己的孩子成长，如果发现身边其他孩子处于困难情境，可告知社区的服务组织。服务机构清单会帮助你了解哪些服务机构可以提供给帮助。家长并不需要去确认事件，只要你对儿童的处境有担忧，请你报告你的担忧。

5. 通常情况下，报告者和疑似受害儿童的情况会被保密。

6. 导师询问家长是否有疑问，并与全体家长一起进行回应。

10.4 建设支持网

目　标	材料工具	需　时
• 和家长一起建立儿童保护的支持网络。	• 活动挂图 • 马克笔 • 胶带 • 一团羊毛或细线 • 剪刀	20 分钟
准备工作： • 无		

过程：

1. 导师请大家站成一圈，或者围圈坐在一起。告诉家长：我们在学习的最后阶段，将以一个仪式来完成我们的学习。这个仪式叫作共建支持网络。我们每个人不是孤单的，我们让家庭和谐美好、孩子健康成长的时候，我们也必然会帮助身边的社区变得更好。同样地当我们需要帮助的时候，身边的伙伴也会伸出他们的手。

2. 导师将毛线球交给一位家长，作为开始。接到毛线球的家长将分享：“对于正向教养的实践，我的一个打算。”

（1）分享完后，家长将手上的毛线球传递给其他家长（同时继续抓住一头细线，不要松开），使毛球逐渐成为一个网。

（2）所有家长分享完毕后，我们将看到一张网络也联结到在场的每一个人。导师可以说：我们一起编制了一张支持网。用的是我们的行动打算。我们将联系在一起，在儿童保护中发挥重要作用。预防儿童受伤害，不仅仅只有我们，还有一张更广阔，联结更多人和组织的网络，经由国家儿童保护系统联结在一起，共同保障儿童的安全。这张网也象征家长的紧密联系、互相扶持、共同成长。

3. 请最后一位拿着线球的家长用线球回卷毛线，走向上一位家长，向他表达一句感谢的话。如此类推，使毛线球回收到第一个家长的手中，变回一个毛线球。这个仪式象征我们通过行动，感谢每一位帮助我们成长的伙伴。

导师也可以邀请每位家长在传递细线时，将细线缠绕在手腕上，然后剪断细线，让每个人都戴上一条细线“手链”。

10.5　评价和结束

目　标	材料工具	需　时
• 邀请家长对学习小组进行评价。	• 小纸条 • 笔 • 画有表情符号的活动挂图 • 信封或文件夹	10 分钟
准备工作： • 准备画有表情符号的活动挂图。		

家长导师须知：

小组结束后，将有两个小组评估，一个是本环节的满意度评价。另一个是家长后测问卷。请根据当地家长的习惯，决定后测问卷的形式。导师应当重视评估，所有评估的收集都将用于课程改善。

过程：

祝贺家长们完成了正向教养家长学习小组的全部学习。

这是一个不容易的坚持过程。家长每天都承担很多的工作、生活和照料责任。但仍然坚持学习，在这里收获友谊、美好的相处时光，是坚持学习最大的收获。很高兴我们之间深入地相互了解了对方。这里不是完结，而是开始，我们的友谊也将在生活中继续下去。

请大家简单填写以下的问卷，请你在对应的表情符号上打勾。请你写下你对小组学习的感受和建议。这些建议将帮助我们继续改进。这份问卷，大家不需要填写姓名，请你匿名评价。写好的问卷，请你装入信封之中，交给我们。

最后，导师向家长表达谢意。

如果家长学习小组和儿童成长小组已经同步进行并完成了第一节亲子互动环节，请提醒家长第二节亲子互动环节和社区庆祝活动的时间。

家长学习小组满意度调查表（样例）

家长小组第 __一__ 节　满意度调查表

请您在以下表格中选择您对于本节小组活动各个环节的满意程度。满意程度分为 5 个等级（1 代表非常不满意，5 代表非常满意）。

	1 非常不满意	2 不满意	3 一般	4 满意	5 非常满意
环节 1 收集对家庭责任的期望					
评价与建议					
环节 2 正向教养家长和儿童成长小组介绍					
评价与建议					
环节 3 压力应对					
评价与建议					

（续上表）

	1 非常不满意	2 不满意	3 一般	4 满意	5 非常满意
环节 4 压力纾缓活动					
评价与建议					

请分享您今天印象最深刻（最享受）的一到三件事或者环节。

1.

2.

3.

请分享您今天没什么印象（没兴趣）的一到三件事或者环节。

1.

2.

3.

面向 5 岁以下儿童家庭的家访指南

指南说明：

本指南旨在为正向教养家长导师提供一个清晰的指引，面向家有 5 岁以下儿童，并正在参加家长学习小组的家长，帮助他们在家庭中回顾和练习正向教养家长小组所学。同时家访还将促使导师和这个家庭的成员有所交流，起到鼓励良好沟通实践的展示作用。

本指南为导师提供的支持包括：家访的注意事项、参考流程、家访环节指引。导师可以根据当地的实际情况进行调整。若在实践中遇到疑问，欢迎您将疑问发送到导师社群中，请大家一起讨论。

一、家访的目的和基本程序

1. 家访的主要目的

√　练习：帮助所有家庭成员（包括儿童）练习在小组活动中学习的新技能。

√　解惑：帮助所有家庭成员（包括儿童）澄清小组活动中他们可能不清楚的内容（主题、技巧等）。

√　互动过程观察及指导：观察父亲、母亲和其他男性和女性照顾者如何与年幼的儿女交流和游戏，鼓励他们参与游戏，进行良性沟通。

√　鼓励参与：尽可能让所有家庭成员都参与进来。

2. 家访的流程参考

时　间	通用流程	环节指引
15 分钟	介绍家访的目的与内容	环节指引 1：介绍 环节指引 2：家访共识
10 分钟	与家长一起回顾在家长小组中涉及的主要议题	环节指引 3：回顾家长学习小组的收获
10 分钟	鼓励家长与家庭的其他成员分享家长小组的学习内容，并澄清容易混淆的问题	
15—20 分钟	观察并鼓励家长与儿童进行内容与技能的实践（例如建立亲子间温暖的氛围，帮助儿童解决问题，帮助儿童纾缓压力等） 导师根据观察结果提供反馈并解决家长所提出的问题	以下环节指引，导师可根据家庭需要、学习小组进展、家访的节次以及家庭成员的意愿，每次家访选择一项环节指引进行 环节指引 4：家庭梦想和自我觉察 环节指引 5：家庭温暖与指导（内含 2 个活动供选择） 环节指引 6：0 — 5 岁孩子的感受与观点（内含 4 个儿童活动指引供选择） 环节指引 7：基于尊重的沟通方法和解决问题 环节指引 8：全家人的交流和讨论（适合最后一次家访）
5 分钟	结束并约定下次家访的时间	环节指引 9：结束

3. 家访前的准备

（1）家访内容及提纲：根据本指南，确定家访目的、内容，准备好访谈提纲，并深入复习、准备访谈过程中涉及的知识、技能知识。若有不够熟悉的技巧和理解不到位的知识点，可提前解决。

（2）了解家访的社区和对象特征：了解社区的文化、特点（如是否有什么文化禁忌），当前的主要形势（如是否处于农忙季节）；了解目标家庭的大致状况（家庭成员人数、性别、年龄、职业、身体状况等），以便顺利进入访问，并建立良好的交谈氛围。

（3）进行家访工作安排：提前跟目标家庭联系好家访的时间、地点。

时间：

每次家访的标准用时是 1 小时。导师可以根据家长的疑问和需要进行适当的延长。但原则上不超过 90 分钟。为了使家长能够在参加学习小组后得到适切的支持，建议导师们的家访安排为 3 节：

• 第一节家访：第 2 节小组（在安全稳定的生活环境中成长的权利）之后；

• 第二节家访：第 5 节小组（理解儿童的感受和想法 0 — 5 岁）或者第 8 节小组（基于尊重的沟通方法和共同解决问题）之后；

• 第三节家访：小组结束后的一个月。

地点：

有时候，家庭住所未必是家访最合适的地方，需要看家庭的意愿，有可能是在外面公众场所见面，例如社区公园这样的户外场所。

材料工具准备：

导师开展家访活动时可能涉及一系列的材料。部分材料需要根据家访选择的活动内容进行准备。这里首先罗列一些通用的材料：

• 在学习小组使用过的关键的可视化图像；

• 几张大白纸，马克笔、彩色笔、中性笔等工具；

• 家访提纲和记录表；

• 转介信息表及转介声明；

• 其他当地社区可能需要的材料，如政府许可等。

4. 家访注意事项

（1）提问过程的注意事项：

① 始终保持中立的态度，避免倾向性诱导；

② 把握方向及主题焦点，采用合适的方式减少题外话（切勿粗鲁）；

③ 语言力求简单，接地气，不要用带有情感的字眼，如先进、落后等；

④ 根据访谈对象的特点，灵活掌握问题的提法与口气（如面对孩子需要用浅显、亲切的语言，面对老人则需要放慢说话速度）。

（2）尊重隐私：家访过程中，若涉及敏感、尖锐和隐秘性问题，被访者不愿意回答，则不必追问；家访后，对涉及家庭的敏感信息，需要确保信息的安全，并严肃、合理地使用。

（3）安全考虑：导师在家访期间的安全也需要提前做好考虑。请导师在进行家访前，将家访的地点、学习小组的家长的联系方式、家访时间段告知主管、同事、其他家长导师等。如果在家访期间，感到有任何不安全的因素，请立即结束家访，并告知主管和同事。

（4）儿童保护：家访过程中请确保家长与儿童始终在一起，导师避免和孩子单独相处较长时间。

（5）儿童参与：如果有儿童在场，可以使用木偶等玩具来吸引孩子的兴趣，并在适当的环节鼓励儿童表达他们的想法。

（6）谨慎承诺：家访过程中，在涉及服务对象一些现实的问题、困难的时候，不要轻易许诺自己或者机构可以提供怎样的支持，避免对方的过度期待。一旦给出自己的承诺，就要言必有信，说到做到。

（7）转介支持：导师需要将社会服务机构清单带在身边，当家庭有任何需求或求助时（健康、营养、教育、保护，可以提供支持的当地社区团体，特殊儿童的治疗干预等），可以提供转介的信息。导师应留意，可以帮助家长先建立起联系。在此过程中建议注意三点内容，以保障服务对象和家长导师及自身机构的正当权益：

① 转介的社会服务机构必须具备相关资质；

② 整个转介过程需以服务对象为核心，确保他们隐私等需求得到尊重（如被性侵的孩子需要心理转介支持，就不宜轻率地给出服务对象的信息）；

③ 建议签署一份转介声明，说明导师及所在机构只提供转介信息，家长有选择去或者不去的权利，并且导师及所在机构无法为转介后的服务提供情况负责。

二、环节操作指引

环节指引 1：介绍

1. 自我介绍，并认识所有家庭成员。

2. 鼓励所有家庭成员加入家访：家庭成员共同讨论和学习是很重要的。

3. 氛围营造：在导师第一次家访时，家庭可能会感到紧张。请导师选择合适的方式让家庭放松。例如，可以尝试从较为日常化的问题开始，“您的孩子喜欢做一些什么样的活动？”

4. 目的说明：

（1）是什么：进行家访是为了帮助家庭成员练习从正向教养家长小组中学习到的一些知识和技能，并帮助家庭成员澄清他们的问题。

（2）不是什么：向家庭成员解释您不是来考验家长的，而是帮助他们练习在正向教养家长小组中学习到的知识和技能。

5. 目标对象：请家人说出他们在家中照顾的每个孩子的年龄及性别，并向照顾者说明今天的特别关注对象是家中 5 岁以下孩子。

环节指引 2：家访共识①

向家访对象解释，为了使家访更顺利地完成，需要所有家访对象的支持：

√ 邀请家庭成员倾听他人。

√ 家访对象轮流分享想法。

√ 在家访期间保持手机静音和其他电子设备（电视机、收音机）关闭，以尽可能减少干扰。

并期待家访对象都能享受这一过程。

【说明】家访共识的内容会因儿童的年龄和背景的不同而有所不同，但是借此家访机会，您与家访对象可以共同制定基于每个人的需求与感受的家访共识。

环节指引 3：回顾家长学习小组的收获

1. 参加正向教养家长学习小组的家长访谈：

• 有趣：您在家长学习小组中发现了哪些有趣的内容，最有趣是什么？

• 影响：您认为学习到的这些观念和技巧，会给孩子的教育带来什么

① 此环节目的是和家长一起确立家访过程中的规则，减少干扰因素，促进家访顺利、高质量地完成。

影响？

• 技巧使用情况及反应：导师根据已经完成的学习小组议题来询问，“家庭温暖及指导、自我压力的觉察和纾缓、解决问题等技巧，哪些技巧您最近在家里会用得多？”“孩子会给你怎样的反应？”

2. 在场的其他家庭成员访谈（确保在场的每个照顾者都有机会表达想法。）

• 有趣：某某（指参加学习小组的家长）去学习后，您发现哪些有趣的事情吗？

• 影响：您觉得参加学习小组的家长会给家庭带来什么影响？对您造成什么影响？

• 有效陪伴：对于有效陪伴，你是怎么看的？

• 技巧应用：您如何将这些观念与技巧运用于您教育孩子的过程呢？（尽量让每个人都尽可能具体地描述自己的想法，并在结束家访时记下访谈的关键信息，以便在下次家访时跟进。）

3. 所有人访谈，探寻家庭教育中的主要问题：
当下，你觉得大人和孩子共同面临的主要问题是什么？

• 面临这样的情况，您的感觉如何？

• 面临这样的情况时，您认为您的孩子感觉如何？（如果孩子在场，且有能力表达一些信息，则家访导师可以把问题转化成儿童的语言，询问孩子的想法。）

• 所学的技巧给到了什么支持？您会以什么样的方式作出回应？每个家庭成员如何提供支持？

环节指引 4：家庭梦想和自我觉察

1. 学会放松

首先询问每位家庭成员“什么样的方式能够使您放松？”向家长简要解释访谈过程中会使用到的呼吸方法，并花 10 分钟练习呼吸活动。

2. 获得他人的支持

（1）邀请家庭成员共同设计与表演一个简单的扮演活动，向其他成人展示当一个人感到压力或沮丧时，是如何向他人寻求帮助的。

（2）一个人扮演有压力的照顾者，另外 2—3 个人是家庭中的其他成年人。鼓励家长扮演不同于他们平常在家中扮演的角色。如果孩子表现出兴趣，可以请孩子一起参与。

（3）邀请家长思考寻求帮助的难易程度，以及其他家庭成员如何帮助主要照顾者进行儿童养育。请导师强调孩子的“教”和“养”是需要整个家庭共同进行的。

3. 回顾小组活动中“家庭梦想”环节

（1）询问家长，听过孩子说过哪些梦想或想做的事情。

（2）请家长回想他们当时如何回应孩子的梦想表达。

（3）请家长交流，如何看待孩子的这些梦想。鼓励家长将孩子的梦想与自己的家庭梦想结合起来，并在日常养育中展现。

环节指引 5：家庭温暖与指导（此环节分为两个活动，可以二选一）

1. 鼓励家长与儿童沟通

（1）给出几分钟的时间，请家长与他们的孩子进行游戏和聊天。

（规则说明）

（2）减少消极用语。提醒家长尝试使用积极的词汇，减少使用如“不要那样做”的话语。

（3）鼓励积极用语。提供给家长一些积极的例子，“你能来帮助我吗？”“我们一起去外面玩”或者“你能告诉我你在做什么吗？”

（进入话题）

（4）请家长轮流与儿童交谈，促进亲子间的相互沟通。

（5）寻找话题：如果在交谈过程中家长遇到困难，请家长尝试使用描述的方式：描述自己的一天，或者描述孩子正在做什么。（例如：“你今天过得怎么样？”“今天我在工作，然后我回到家与你见面……”，“你现在正在玩球，我看到你把手放在嘴里，你饿了吗？”）

（6）简单词语：如果家访家庭的孩子处于开始尝试使用简单词语的阶段（刚开始牙牙学语），可以尝试用简单词语组成的短句给孩子树立良好榜样，促进儿童理解词语与鼓励儿童表达。

（练习反思）

（7）基于这样的交流过程，向家长提问。

您的孩子是如何回应的？

您觉得这项任务是困难还是容易？

您在这个过程中有什么惊喜吗？

（环节总结）

（8）请导师提醒家长以下信息。

① 即使您的孩子不会说话，他们也是会与您沟通的。

② 可能刚开始时，您对于“应该说什么”这一问题感到困难，但您做的练习越多，就越容易掌握这一技巧。

③ 您与其他家庭成员轮流与孩子进行交流。这不仅有助于您建立良好的亲子（抚养）关系，还有助于培养孩子的沟通技巧。

2. 实践家庭温暖与指导：让家长思考他们的孩子目前可能面临的挑战，并鼓励他们使用家庭温暖和指导这一技巧来解决问题。

只有参加了家长小组的家长在解决问题方面有过一些练习和相关经验后才能使用此活动。

环节指引 6：0—5 岁孩子的感受与观点

• 特别说明

本环节指引提供了 4 个儿童活动的指引：0—1 岁婴儿活动指引、1—4 岁幼儿活动指引、4—5 岁儿童活动指引、声音和音乐振动器（不限儿童年龄）。导师在这个环节中可以根据需要选择一个。

1. 导师询问家长孩子是如何表达自己的感受？

（1）导师向家长介绍，每个孩子都是不同的。花几分钟让照顾者观察他们 5 岁以下的孩子。经过观察后询问。

① 你观察到孩子试图与您沟通的行为有哪些？

② 您的孩子是如何表明他饿了？您怎么知道他是悲伤还是沮丧？他快乐时如何表现的？

③ 通过观察来了解孩子的需求，你有哪些经验吗？

（2）导师可以介绍：一个婴儿哭泣是在试图告诉照顾者一些事情。这是婴儿与人沟通的方式之一。因为婴儿还不知道他们的行动会带来怎样的后果，他们并不是在故意惹恼或激怒你。通过了解您孩子的发展阶段与需求有助于减轻您的压力和焦虑。

2. 导师介绍与儿童游戏的重要性。

（1）导师可以和家长一起选择一个儿童活动，也可以由导师根据情况选择一个活动。

（2）0—1 岁婴儿活动指引：

请家长选择以下一到两个游戏与他们的孩子一起尝试。在本次家访中尝试一个游戏，并鼓励他们在下次小组学习活动或下次家访的时候尝试其他的游戏。

在 1 岁前，你可以帮助婴儿达到运动能力发展里程碑要求（从翻身到学会躺再到学会走路）。玩简单的游戏可以安抚婴儿，并让接下来的活动变得自然而有趣。

① 与宝宝一起进行有关手指、手掌、手臂、脚趾、脚掌和腿的游戏。例如拍手、唱歌、发出“嘘”声、自行车腿、数脚趾（手指）、交叉双手、交叉双脚等。

② 你可以先让宝宝抓握你的手指，这一动作有助于发展婴儿的手部肌肉。之后你可以让他们尝试触摸并抓住不同的物体（例如杯子、勺子）来发展他们的肌肉（大肌肉和小肌肉）和抓握力。

③ 当宝宝学会坐起来时，使用枕头或支撑物来帮助宝宝。学会这一步为宝宝开辟了一个新的世界（视野的开拓）。

④ 爬行这一阶段很重要，因为爬行有助于发展婴儿大脑的两侧协调能力，这一能力的发展有助儿童以后的阅读能力发展。发展这一能力是通过

交叉手臂和腿实现的，随着孩子的成长，你可以鼓励他们握住他们的脚趾、脚、耳朵，并尽可能让这些动作穿过他们身体的左右两侧（例如右手抓住左侧的脚丫子）。

⑤ 在婴儿 8—10 个月的阶段，宝宝应该能够依靠自身肢体能力撑起身体。在婴儿 1 岁时，婴儿可以达到“运动里程碑”发展的要求。

（3）1—4 岁幼儿活动指引：

① 幼儿学会走路，开始产生移动并尝试新的运动技能。请确保有一个安全的地方让孩子走路、跑步和攀爬。

② 这个阶段的幼儿仍在努力保持平衡。但是当他们接近 2 岁时，他们会开始发展攀爬技能并积极尝试攀爬，这一阶段需要照顾者密切注意孩子的安全。

③ 在这个阶段，请继续和您的孩子交谈，他们能理解的话多于他们能说的话。可以尝试带他们散步，谈论你们能看到的一切。当孩子开始说些什么时，请照顾者重复一遍孩子的话并加以详细说明。

④ 这个阶段的孩子喜欢以重复作为主要策略进行练习。请保证他们有充足的时间去重复做一件事，并适时在他们尝试的过程中提供帮助。在这样的过程中，请家长和孩子一起玩耍并给孩子树立榜样。但是请注意，不要过多地帮助他们，因为他们需要发展独立性并学会自己解决问题。

⑤ 这个年龄阶段的幼儿专注时间很短，他们的专注往往快速地从一件事转移到另一件事。您可以准备不同的游戏（结构化的游戏）或活动，以备当他们感到无聊并需要改变时可以及时提供。例如，拍掌游戏（起初可以重复拍掌动作，随着能力发展可以创造不同的玩法），模仿动物的声音和动作，堆叠杯子，敲打锅碗瓢盆等。这个阶段的幼儿需要时间探索户外，并在户外游戏中发展他们的大肌肉能力。但值得注意的是，一些运动量大的游戏也可能在室内发生，例如跳舞，用辅助运动器具进行平衡训练、跳跃训练、攀爬训练。

（4）4—5 岁儿童活动指引：

① 如果时间和空间允许，请陪伴您的孩子阅读（最好是家长给孩子阅读），家长的讲述故事的发生与结束，并与孩子谈论他们的一天。

② 这一阶段的孩子开始学习如何理解情绪。家长可以尝试在图片或报

纸上指出一些表情，使孩子识别快乐还是悲伤的面孔，并试着鼓励他们认识到这个人快乐或悲伤的原因是什么。

③ 此时，可以鼓励孩子们发展数学能力（计数、简单运算），并随时随地赞美鼓励他们。

（5）声音和音乐振动器（不限儿童年龄）

① 材料：几个塑料瓶和一袋米（豆或种子）。

让家长和孩子在瓶子中放入少量米（豆或种子），拧紧瓶盖，制作振动器。请确保盖子拧紧，孩子无法打开。

② 然后请家长摇晃制作好的振动器，摇晃的过程邀请家长与孩子谈论振动器发出的声音。摇晃的过程中，不断移动振动器（靠近或者远离孩子），并允许让孩子也摇动振动器。计算摇晃的次数，逐步以某种节奏摇动振动器。

在这个过程结束后向家长提问。

① 您认为您的孩子在学习什么?

② 您认为您的孩子感觉如何?

提醒家长：

③ 当你和孩子一起玩音乐振动器时，孩子正在学习新东西——语言(发出声音和模仿节奏）。在这个过程中，孩子知道他很重要，他能感受到你正在帮助鼓励他，这同样有助于建立你们的关系。

④ 他正在探索声音来自于不同（方位）的物体的声音；他正在学习如何模仿和重复；当他伸手拨动并摇晃振动器时，他正在发展双手和双眼之间的协调。

⑤ 孩子可以玩任何东西，玩具不需要昂贵，只需要安全，更重要的是孩子会记得你们亲子之间一起度过的时光，所以亲子一起玩耍是很重要的。

（6）采集观点

① 当家长经过这些练习后，感到舒适且有成就感，可以与他们谈论亲子间的一个具有挑战性的问题。此时的家长已经学习、了解了孩子的发展规律与状况，故可以鼓励家长尝试站在孩子的角度看问题。

② 在这个过程结束后向家长提问。

· 您认为您的孩子可能在想什么?

· 你觉得他有什么感受？
· 如何通过这些信息（儿童感受等）来帮助解决问题？

环节指引 7：基于尊重的沟通方法和解决问题（以下有三个活动可供选择）

1. 长颈鹿卡

（1）请照顾者阅读以下情景：

小贞和小唐已经结婚 5 年，并有一个 4 岁的女儿。在上班之前，小唐告诉小贞，今天家里会来客人，请她为即将前来家访的客人做一顿美味的晚餐。傍晚，小贞带着女儿从市场买了很多菜回来，当她开始准备食物时，她开始感到非常恶心并决定躺下休息一下。当小唐回到家，发现晚餐只准备了一半，而小贞的脸埋在自己上臂之间。客人很快就会到达……

（2）请向家长提问。

① 您认为接下来会发生什么？

② 故事的结果是怎样的？

（3）开始尝试使用长颈鹿卡（使用以上相同案例）：

① 描述情况：我听到了什么？到底发生了什么事？

② 描述感受：这让我感觉如何？

③ 一起沟通讨论：让我们一起来解决这个问题。请考虑如何在不强求他人或给他人发出指令的情况下达成共识？

④ 如何改变这种情况？（如果照顾者无法回答或者有困难，可以提供一些提示：首先请照顾者保持冷静并深呼吸。）

感受：小唐可能会感到尴尬，因为晚餐没准备好。小贞感到筋疲力尽。

一起沟通讨论：小唐问小贞有什么不舒服的地方，之后小唐决定让他的妈妈帮忙准备晚餐，这样小贞就可以休息了。

2. 沟通

（1）通过游戏解释夫妻之间的相互沟通是通过互相发出“指令”完成的。

游戏流程：让一个人用围巾或双手遮住眼睛，而另一个人只用语言将他们直接引向一个物体。一次练习后可以互换角色。

（2）询问这对夫妻以下问题。

① 您是如何感受到伴侣的沟通？

② 这个过程中您发现什么有意思的地方？

③ 什么地方本来可以做得更好？

④ 如何在日常生活中使用以上问题所得出的经验？

（3）询问所有家庭成员，他们认为良好的沟通是什么样的？可以给出以下提示。

① 认真倾听。

② 在伴侣说话时请记住不要打断。

③ 沟通是通过我们的工作内容和反应来实现的。

④ 当你的伴侣说话时，使用柔和的肢体语言，表明你在倾听而不是拒绝倾听，例如不是双手抱臂。

⑤ 给予思考的机会与时间，若有需要可以先跳过。

⑥ 形成伴侣之间的共识。

3. 长颈鹿卡解决自身生活遇过的冲突

让家长练习使用长颈鹿卡来帮助他们解构过去遇到的小挑战（让他们选择经常发生的事情，但不会让他们太烦恼或愤怒）。

环节指引 8：全家人的交流和讨论

每一位参加家访的人轮流讲述感受，回顾家长参加过的小组学习以及生活的实践。

（1）您对哪个环节的内容存在最多疑惑？这些问题现在已经解决了吗？

（2）您认为这些内容在您的家中有什么用？为什么？

（3）让每个照顾者想出一件事（活动），他们将在现在和下一次家访期间与孩子一起练习。

环节指引 9：结束

谢谢您接受我的家访。我知道尝试新事物可能很有挑战性，起初会感觉很奇怪，所以谢谢你的实践练习。我很期待下一次我们的家访。

1. 在我们结束本次家访之前，请问您有什么疑问吗?

在家访中，如果导师识别到该家庭在孩子教育或家庭的幸福感方面存在一些需求、疑问或者求助，请思考如何促进被访家庭所有成员一起跟进这些问题，并注意做好及时的跟进。

2. 导师可以鼓励家庭所有的成员都在生活中一起了解小组学习的学习所得，一起配合尝试。

3. 可以和家庭约定好下次的家访时间，并提供导师的联系方式。

家访记录表

<table>
<tr><td colspan="6">家长导师姓名：</td></tr>
<tr><td colspan="6">所属社区：</td></tr>
<tr><td colspan="3">学员姓名：</td><td colspan="3">联系方式：</td></tr>
<tr><td>家访日期（年/月/日）</td><td>家访地点</td><td>访问的家庭成员名单(例如：母亲、父亲、岳母/婆婆、儿童及其年龄）</td><td>讨论重点</td><td>下一步计划</td><td>跟进与转介</td></tr>
<tr><td></td><td></td><td></td><td></td><td></td><td></td></tr>
</table>

附录 1

案例学习故事

0—1 岁

• 你 4 个月大的宝宝常常哭泣，在过去的几周里，你每次睡觉的时间都不超过两个小时。你感到筋疲力尽，你尝试了各种办法，如喂宝宝，为宝宝换尿片，让宝宝躺下，把宝宝搂在怀中，为宝宝增减衣物或被子，检查宝宝有没有发烧，但宝宝还是不断地哭。

• 你的宝宝开始发出比较大的声音，宝宝会突然大叫，发出没有人听得懂的声音。你正在图书馆阅读，每个人都很安静，但是你的宝宝发出很大的声音。图书馆内的其他人都转头看着你的宝宝，你试图让宝宝安静下来，但宝宝继续大叫，你不知道该怎么做，想要发脾气。

• 你有个孩子已经上幼儿园了。有一天幼儿园发生了火灾，你担心他（她）会发生什么意外，于是你带着你 8 个月大的宝宝一起赶往幼儿园，并在幼儿园外等你的孩子，而 8 个月大的宝宝不停地哭。

1—2 岁

• 你刚刚学会走路的孩子看到地上放着一碗米，这碗米是准备用来做一家人的晚餐的。你的孩子伸手去拿这碗米，把碗打翻了，米洒落一地，此时你已经没有米可以用来做饭了。

• 你带着刚刚学会走路的孩子去市场。当你停下来买菜时，你的孩子走到了另一个摊位前并开始拿起摊铺前排放的番茄。但由于孩子的手太小拿不稳番茄，番茄掉落在地上。摊主开始对着你大声吼叫，说你没有管教好孩子。

• 今天是雨天，你乘坐公交车带着孩子去看医生，公交车就要到站了，你开始帮孩子穿上外套，孩子不愿穿并对你说“不！”，然后就跑开了，你对此感到很懊恼。

2—3岁

• 到了这个年龄，你的孩子开始晚上不愿上床睡觉。只要你一离开，你的孩子就大哭，但你还有工作要做，你开始生孩子的气。

• 你的孩子很爱玩球，喜欢拍球，把球滚来滚去，坐在球上又把球扔出去。有一天，你们来到了一个儿童之家，孩子在这里玩球玩得很开心。到时间回家了，你的孩子拿起球就要把球带回家。你告诉孩子不能把儿童之家的球带走，但孩子带着球就跑。你追在孩子身后并告诉他（她）必须要把球留在儿童之家，这样其他孩子也能玩，他（她）可以下次再到这里玩。你的孩子开始大哭并发脾气。

3—5岁

• 你的孩子打开了橱柜，把橱柜里的所有东西都拿了出来，并把这些东西堆起来进行推倒游戏。有些东西因为倒落而摔坏了，你对此感到很生气。

• 你的孩子总是问问题，问你为什么天空是蓝色的，雨水来自哪里，雨水是什么颜色的，为什么雨水是湿的。虽然你试着回答孩子的这些问题，但你有很多家务活要做，并且你也不知道这些问题的答案。有一天走在路上，你的孩子突然看到一名孕妇，然后问你小宝宝是怎样钻进这名孕妇的肚子里的，该名孕妇听到了你孩子问的问题后开始大笑。

• 你的家庭正在规划出行，你把所有东西都规划好了并准备好了所有需要的东西，此时你的孩子问你他（她）能不能帮忙。你已经独立完成了这些工作，所以拒绝了孩子提出帮忙的请求，但孩子仍然坚持要帮忙。此时正忙着做家务活的你感到很累。

• 你和你的孩子外出购买物品，你们站着排队等待，已经超过两个小时，你的孩子和其他小朋友一起，在队列中其他人的腿之间跑来跑去和玩耍。你的孩子还不时地跑过来问你很多问题，如“为什么我们要来这里？”“我们现在可以回家了吗？”“这些人都是谁？”“那个人为什么在哭？”“为什么那位女士的头发乱糟糟的？”

6—9 岁

• 你的孩子已经上学 4 个月了，有一天你收到了老师的信息说你的孩子在学校表现不佳，他无法安静地坐着，总和其他小朋友说话，要用很多时间才能完成功课。老师希望你能到学校来谈谈孩子的行为问题。

• 你的孩子和他的朋友正在玩动物造型的玩具，玩具堆里小马玩具只有一个，但是你的孩子和朋友都想要。当他的朋友拿了这个小马玩具的时候，你的孩子打了这个小朋友并从他手中抢了小马玩具。他的朋友很生气并大哭起来。刚刚还在一起玩得很开心的两个孩子就大声地争吵起来。孩子的吵闹声让原本就头痛的你更加头痛。

• 由于一些突发的情况，你的孩子已经有 4 个月没有去学校，也无法外出玩耍，每天都呆在家里。你的孩子十分活泼，喜欢外出和朋友玩耍。这 4 个月的时间里，当你的孩子没有事情做的时候，就会吵着要出去玩。但孩子无法出去，同时家里没有足够的地方给孩子玩，你的孩子因此变得越来越烦躁，你对孩子制造的噪声和凌乱的环境也感到厌烦不已。

• 你给你的孩子报了一个课程，孩子不愿去上课并大哭。第一次课程之后，老师告诉你，你的孩子会回避老师，而且需要花很长的时间才可以融入新的团体和活动。此外，学校供应的食物和孩子在家吃的食物不同，孩子不喜欢吃学校的食物。

10—13 岁

• 你的孩子从学校回到家，心情很差。孩子不想和你讲话，说话也带着愤怒的语气。你认为孩子这样很没有礼貌，他的行为冒犯了你。你想教育孩子，告诉他不可以做出这样的行为。

• 你的孩子与另外一个懂得很多“脏话”的孩子交了朋友。有一天，你听到你的孩子也说出了这些话，你感到非常难过，你担心你的孩子会把你所教导他的一切抛诸脑后。

• 你的孩子曾经告诉你，他在学校的时候其他孩子都不愿和他坐在一起吃午餐。每当他走过时，其他孩子会开始窃窃私语并大笑。此外，他们会把你孩子的书包藏起来。这种情况令你的孩子十分尴尬并出现了严重的焦虑情绪。今天，有人在你孩子的包里放了一张纸条，纸条上写着“大家都讨厌你”。你的孩子提前从学校回到了家，他不想告诉你发生了什么事情。

14—17岁

• 一直以来，你孩子的着装和发型都是你认同的模样。也因此你的孩子很好地融入同龄人群体之中。有一天，你发现你的孩子穿了耳洞，换了个竖立的发型，穿着印有粗俗标语的衬衫，着一条短裙并且不愿整理她的头发。现在，你想带着孩子参加一场活动，并希望孩子换身衣服。

• 你规定你14岁的孩子每天放学后必须直接回家，因为你认为在街上会有危险。所以一直以来，即便在那个时间点你并没有在家，你的孩子也一直严格遵守你的规定。但有一天，你的孩子受一个朋友的邀请去了朋友的家里。你刚好在这天提前回家，然后发现孩子并没有在规定的时间里回家。你很担心，开始紧张地联系孩子的老师与朋友，没过多久，你的孩子就自己回到家了。

• 你曾告诉你17岁的孩子，在周末时，他必须在晚上11点前回到家。现在是周六晚上11：30，你的孩子还没有回到家。你十分担心，因为你知道孩子是坐一个新手司机的车外出，同时你还知道孩子参加的活动中有很多你不认识的年轻人，你开始幻想活动中会提供酒。此外还有一些社会帮派成员在招揽孩子进“社团”。当孩子结束活动回到家时，你整个人都被恐惧、担忧和愤怒的情绪充斥着。

• 你和你的孩子因为洪水无家可归，被迫住在一个临时安置点里。你们全家都非常积极地帮助其他邻居建造居住点，搜集在洪水中丢失的物品，别人都认为你和你的孩子非常善良可靠。但你的其中一个孩子与其他年轻人长时间地离开营地，你很担心，但不知道该怎么做。同时你的孩子不愿告诉你他们去了哪里。

成人

• 你的伴侣回家比较晚，他向你提出希望回到家后能有一顿新鲜温热的晚饭在等他。但日常生活中，你一直忙着喂孩子吃饭，哄孩子睡觉。你对这个要求感到很无力。

• 你要求你的伴侣把破损的家具修好，但他总是回答“我很忙，我晚点再修”。现在破损的家具已经很影响你们的家庭生活，但你的伴侣还是说晚点再修。

附录 2

《儿童权利公约》概要资料

《儿童权利公约》于 1989 年 11 月 20 日在第 44 届联合国大会上通过，并向会员国开放签署，1990 年 9 月 2 日作为国际法正式生效。该公约是在联合国主持下历时十年制定的一项具有较大影响的保护儿童权益的国家文书，其宗旨在于最大限度地保护儿童权益，内容非常广泛，由序言、实质性条款、程序性条款和最后条款四部分组成，共五十四条。

中国于 1990 年 8 月 29 日成为《儿童权利公约》签署国。

《儿童权利公约》为所有儿童提供了保障、保护以及参与的权利。《儿童权利公约》视体罚与心理惩罚为违反儿童基本权利的暴力行为。

《儿童权利公约》是一个专为儿童制定的公约。事实证明，单单依赖人权规范，并不足以满足儿童的特殊需要。有些报告揭露了婴儿死亡率，基础教育机会不足的不公正现象，以及儿童在有伤害性的劳动、监禁或战争受害者等状态下遭受到的剥削。人们对儿童心理需求的认识有所增加，同时也认识到儿童的利益不一定与他们的监护人的利益一致。许多儿童在家庭内部受到虐待。《儿童权利公约》的理念是：社会有义务满足儿童的基本需要。

该公约提到儿童有权享受特别照顾和帮助，家庭应得到保护和援助，以便其能充分承担责任。应该考虑到文化和传统的价值。序言同样认识到合作对改善儿童生活条件的重要性。

《儿童权利公约》有以下四个原则：

√ 无歧视

√ 儿童最大利益

√ 生存和发展

√ 参与

儿童最基本的权利概括为如下四种。

1. 生存权——每个儿童都有其固有的生命权和健康权。保护儿童包括保障儿童接受可达到的最高标准的医疗保健服务。

如何看待儿童的生存权，不同的时代，不同的社会背景，对生存权有不同的理解。当今，随着社会经济的发展，人类的生活质量已经有了很大的提高，科学的发展，医学的进步，儿童的生存境遇已经有了极大的改善。据《2017年儿童死亡率水平和趋势报告》显示，2016年全球每天约有1.5万名 5 岁以下儿童死亡，其中包括7 000名出生后28天内死亡的婴儿。在中国，2014年5岁以下儿童死亡率下降到11.7%，下降幅度位居发展中国家前列，提前实现了联合国千年发展目标。

中国儿童的生存境遇已经有了极大的改善，得益于中国医疗健康体系的发展，人民生活水平的提高。

然而，儿童的生存环境依然面临问题和挑战。中国目前约有 20% 的少年儿童出现抑郁症状，其中 4% 为临床抑郁，即需要接受临床治疗的重症抑郁。中国科学院心理研究所一项针对北京和广州儿童心理的比较测试最近有了初步结果。研究人员发现，北京儿童抑郁指数总体偏高，而广州儿童则较多表现出攻击行为。专家分析后指出，缺乏父母亲情是两地儿童产生不良情绪的主因。

儿童的生存状态也暴露了另一个极端——儿童的肥胖和营养过剩。这和家长不管理孩子的饮食结构有很大关系。不管是儿童抑郁情况的发生，还是儿童身上不健康的行为养成，都离不开父母或者照顾者的养育状态。

2. 受保护权——不受危害自身发展影响的、被保护的权利。包括保护儿童免受歧视、剥削、酷刑、虐待或疏忽照料，以及对失去家庭的儿童和难民儿童的基本保证。

大众对儿童受保护权的认识度是低的，这导致儿童受保护权时常被忽视。传统家庭教育方式受传统文化的影响，比如“虎妈”的教育方式，可能有短期的成效，却忽视了儿童情感健康发展，也已经造成对儿童权利的损害。

据调查显示[①]，大多数受访者认为父母的管教权不容侵犯，若是为了管教的需要，打骂儿童，只要不造成伤残，会被认为是正常的家务事，并不是儿童虐待事件，而这种情况也不会被通报。在中国传统文化中，使用一些不会对儿童造成严重身体伤害或危害生命安全的惩罚方式管教儿童，是被普遍接受的方式。比如：

“基本上家长对孩子，你犯了错误，我骂你，打你，很正常的。但是打过骂过之后，大多数家长会蹲下来跟孩子讲，讲道理啊，会安抚孩子。”

“就是打完之后，身上有青有紫，疤痕呀那种，就是可以说是一种虐待，你不听话我打你，那种就可以说是教育，还达不到那种虐待，虐待程度，就相当于暴力地打，打伤了、打疼了、疼了肯定地疼，打伤了就是不同程度那种。”

以上是关于家长对打骂儿童的看法，从儿童保护的角度来看，即使没有对儿童造成身体上明显的伤痕，这种管教方式也一定不是最有利于儿童情感发展的方式。“打骂”容易成为家长向儿童发泄自己情绪的方式，家长认为孩子需要为家长自己的情绪负上一定的责任。这会让孩子潜意识中进行模仿学习，孩子也会逐渐习得这样的情绪沟通模式——攻击式，透过肢体或语言攻击别人。

其次，当孩子经受被打骂时，他们正在体验到自己做错了，对自己感到羞耻，也可能产生对自己负面的看法，形成负面的自我形象，影响孩子自尊自信。最后，孩子很可能会内化这样的权威模式和冲突解决方式：当家长在生理、心智方面比儿童有优势时，强势的一方可以使用暴力来欺压弱势的一方，从而解决冲突。在各种关系中，当孩子在各个方面的维度（从生理、心智，到经济、社会阶层、职业等）处于弱势时，他们可能会对权威或优势的一方感到恐惧，从而害怕或远离权威；当孩子处于强势的一方时，则可能使用权威或优势来欺压弱势的一方，从而解决冲突。

3. 发展权——充分发展其全部体能和智能的权利。儿童有权接受正规

① 参考《中国儿童保护实践模式初探》（萧琮琦）。

和非正规的教育，以及儿童有权享有促进其身体、心理、精神、道德和社会发展的生活条件。

儿童体能和智能的发展实则包含了许多内容，不仅意味着身体的发展，心理的发展，还有心智的成熟。在传统中国的家庭中，智育往往占首要位置，而往往忽略儿童健全人格的培养，包括儿童的情绪管理，社会人际交往，沟通能力，解决问题能力等，对孩子未来有极大影响。

实现儿童发展权意味着儿童有游戏的权利。对于学龄前期的孩子而言，“玩”，能促进儿童能力的充分发展。“玩也是学习”，“玩”不仅仅是一种媒介为“学”而服务，更是儿童权利的一部分，它不依附其他权利存在，更不是化了妆的“学”。儿童从“玩”本身得益，获得生命的快乐。“玩”是儿童充分发展的一部分。如果能珍视“玩”的重要性，我们就能理解无论是下至5岁还是上至15岁的儿童，“玩”像睡眠一样是必需品，我们可以将这份必需品设法安排进家庭日程中，根据不同年龄段儿童的特点设计儿童在“玩”方面的自由度，例如与孩子一起挑选玩具，在儿童开展游戏时，允许孩子自行决定如何使用这些道具，“玩什么”“怎么玩”同样是儿童自己的权利。

心理上给予儿童玩耍的自由度，空间上不妨带着孩子去使用公共游乐设施，和儿童一起讨论令他们喜欢并感到舒适的玩耍场所是怎样的，进而思考如何在自己所在的社区为孩子提供这样的场所。当然，身为家长的你也可以玩耍，家长的玩耍可以是自己的各种爱好，偶尔弹吉他、挽毛线、拼拼图，这些生活的乐趣孩子都会看在眼里，这将是他们的一个示范，变成他们对快乐生活的理解。

儿童的发展意味着儿童和成人是平等的。成人很少会对“平等”这个概念产生歧义，但是当面对孩子的时候好像就不一样了。“孩子还没有和我们一样的经验知识，他们怎么能和我们平等呢？”平等并不意味着“完全相同”，是指人与人的“尊严”和“尊重”有同等的要求。教育专家卢勤说与孩子平视，如果和孩子说话，希望被孩子更快接受，可以蹲下来，听孩子说，从他的视野中了解世界。如果从抽象的态度上说，平视就是同行引导的前提，与孩子同行，站在孩子的角度理解孩子的想法，跟孩子一起看到各方面的可能性，然后引导孩子自己思考解决问题的方法。孩子在探索这个世界过程中必然会遇到苦难，相信孩子并允许孩子同成人一样经历困难、挫折，在家长陪伴下，孩子探索过程中的困难，得以学习和成长。

确保儿童发展权的实现意味着家长和儿童建立共同的约定。希望孩子自由成长，也希望孩子懂得规则。这之间的度要怎么把握？首先，规则是在涉及两个及以上的人时才具有意义。如果是一方指定，另一方无条件遵守，这样的情况不属于约定。希望在不侵犯孩子自由的情况下，让孩子懂得规则，我们先界定哪些内容是孩子自己的事，比如孩子玩什么玩具，孩子穿什么等属于孩子自己的事；但孩子玩过的玩具放在哪里，孩子穿过的衣服放在哪里，这些事就牵涉到家庭公共空间的使用，就得和孩子一起约定。当然这样的约定同样约束着父母自身，家长将身体力行示范如何维护家庭，如何赢得他人的合作，并长期合作，孩子将从中习得与他人合作这项人生技能。

4. 参与权——参与家庭、文化和社会生活的权利。儿童有参与社会生活的权利，有权对影响他们的一切事项发表自己的意见。

越来越多的研究也表明，很多家庭问题的根源在于对儿童权利的无知、忽视及不理解、不会用。2012 年网易亲子开展的一项网络调查显示，在被问到“儿童的四大基本权利，哪项权利没有得到很好的保护，尚存在很大的问题”时，最多被选的是参与权，所占比例达到 35% 。

作为儿童的监护人根据儿童成长发育的不同阶段，指导儿童实现其参与的权利，而不能在儿童能够自主表达其正确的见解的时候，代替他们做出决定。

中国的传统教育中，往往注重智育，而忽略儿童其他方面的生活技能。对于孩子而言，他从一出生开始，就在以他们弱小的身躯参与到与家庭的互动中。襁褓中的婴儿，用哭泣向大人传递信息，为了满足温饱、清洁、拥抱等需要。

成人如何看待孩子的参与权，如何满足孩子的参与权，决定了孩子参与与周围人和周围世界的互动方式。对于婴幼儿而言，生活中的每一样物品都有其奇妙之处，因而婴幼儿会萌发好奇心去进行探索，例如翻垃圾桶、蹲在地上玩泥土、开关抽屉和门、玩水等等。而成人如果了解孩子的发展需求，并且能够识别这是孩子通过参与而习得认知的过程，成人就会放手并且允许孩子探索，静静地陪伴在孩子身边，确保孩子安全而又不打扰孩子，努力维护孩子的注意力，并任其探索。孩子在父母允许的情况下，勇敢地进行探索，他就会通过动手、动眼、动脑等获得认知经验的发展。当孩子在过程中收获喜悦、信心，孩子对自己就会更加认可。潜意识中，孩子就能判断，我的行为是被允许的，我是有能力的，孩子的自我效能感就会加强。反之，假若成人嫌弃孩子趴在地上脏，不卫生，耗时间，把孩子的行为看成是捣乱，成人阻止孩子的探索，孩子的探索行为就会被阻碍，孩子参与环境互动的机会被剥夺。而成人以爱的名义进行绑架，其导致的结果就是孩子内在的能力没有发展。缺乏参与外在环境活动体验的孩子，往往会成为抗挫能力弱的孩子。因为当成人以爱的名义去阻止孩子的时候，成人向孩子传递的信息是“你的行为是不被认可的”“你要听我的，我说的是对的”。当这样的体验和感受在孩子的内心萌芽的时候，孩子的潜意识里就会有挫折感，孩子尝试外在世界的参与动力就会减弱，孩子与生俱来的好奇心也会降低。对孩子而言，更加具有破坏力的是孩子在这方面的生活技能被剥夺了。类似的例子有，大人的溺爱和包办，给孩子刷牙、洗脸、洗手、穿衣服、穿鞋袜等。孩子需要通过自己亲身实践，亲身参与，获得对自我价值的认可，然而，当成人剥夺了孩子这些机会的时候，孩子就不能很好地发展，而导致的结果是，对大人产生强烈的依赖。而当孩子长大成人的时候，成人希望孩子能够独立了，但这个时候，往往积习难改，在溺爱和包办中长大的孩子鲜有独立的意愿。这和家长的教养方式呈正相关关系。

附录 3

儿童权利卡

第 2 条：缔约国保障每一位儿童都享有应有的儿童权利，并采取措施确保儿童得到保护，免受一切形式的歧视。

第 5 条：缔约国应尊重父母或照顾者的责任、权利义务，以符合儿童不同阶段接受能力的方式，适当指导和引导儿童行使本公约所确认的权利。

第 6 条：缔约国确认每个儿童均有固有的生命权。缔约国应最大限度地确保儿童的存活与发展。

第 7 条：儿童出生后应立即登记，并有自出生起获得姓名的权利，有获得国籍的权利，以及尽可能知道谁是其父母并受其父母照料的权利。

第 8 条：缔约国承担尊重儿童维护其身份包括法律所承认的国籍、姓名及家庭关系而不受非法干扰的权利。

第 9 条：缔约国应确保不违背儿童父母的意愿使儿童和父母分离，除非经过程序判定的分离符合儿童的最大利益，诸如由于父母的虐待或忽视，或父母分居。

尊重与父母一方或双方分离的儿童同父母经常保持个人关系及直接联系的权利，但违反儿童最大利益者除外。

第 10 条：儿童及其父母有权进入或离开一缔约国以便与家人团聚，维持亲子关系。

第 11 条：缔约国应采取措施制止非法将儿童转移国外和不允许返回本国的行为。

第 12 条：确保有主见能力的儿童有权对影响到其本人的一切事项自由发表自己的意见，对儿童的意见应按照其年龄和成熟程度给以适当的看待。

第 13 条：儿童应有发表言论的权利，包括通过口头、书面或印刷、艺术形成或儿童所选择的任何媒介，寻求、接受和传递各种信心和思想的自由，不受国界限制。

第 14 条：儿童享有思想、信仰和宗教自由的权利，前提是父母应给予儿童适宜性的指导。

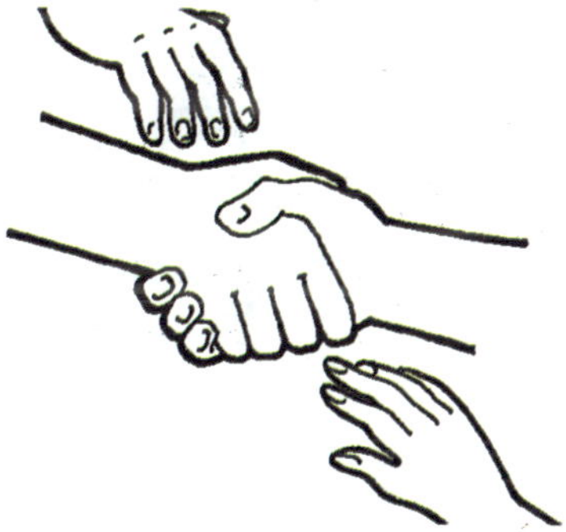

第 15 条：儿童享有与他人会面和结社的自由权利。

第 16 条：儿童享有隐私、家庭、住宅或通信不受非法干涉，其荣誉和名誉不受非法攻击的权利。

第 17 条：儿童有权从多种的国家和国际来源获得信息和资料。大众传播媒介应积极传播有益于儿童的资料，反对传播对儿童不利的资料。

第 18 条：父母双方均有责任养育儿童，缔约国应在父母履行其抚养儿童的责任方面给予协助。

第 19 条：儿童应获得保护，不受虐待和忽视。缔约国应建立方案，预防虐待事件的发生，为遭受虐待的儿童提供治疗。

第 20 条：脱离家庭环境的儿童应有权得到特别保护，得到其他家庭或机构照顾，在考虑解决办法时，应考虑儿童的文化背景。

第 21 条：凡承认或许可收养制度的国家应以儿童的最大利益为首要考虑，收养应经相关主管部门监督，并给予儿童安全保障。

第 22 条：难民儿童以及申请难民身份的儿童有权获得特别保护。

第 23 条：残疾儿童有权获得有助于促进其自立、积极参与社会生活的条件下，享有充实而体面的生活的特殊照顾、教育和培训。

第 24 条：儿童有权享有可达到的最高标准的健康并享受医疗服务。

第 25 条：缔约国以照料、保护或治疗儿童身心健康的目的进行安置的儿童，有权要求相关部门对其所受安置进行定期审查。

第 26 条：每个儿童有权受益于社会保障，包括社会保险。

第 27 条：儿童均有权享有足以促进其生理、心理、精神、道德和社会发展的生活水平。父母负有确保儿童发展所需生活条件的首要责任。缔约国应确保父母履行这项责任。

第 28 条：儿童有受教育的权利。应为儿童提供免费的义务初等教育，让所有儿童均能接受中等教育，并让所有有能力的人均有受高等教育的机会。学校的规定符合儿童的人格尊严。

第 29 条：教育应发展儿童的个性、才智和身心能力。教育应培养儿童积极融入社会，以及对其原籍国认同以及培养对不同于其本国的文明的尊重。

第 30 条：属于少数群体的儿童享有践行自己的文化，信奉自己的宗教并使用自己的语言的权利。

第 31 条：儿童有权享有休息，参与休闲、娱乐以及文化和艺术活动的权利。

第 32 条：儿童有权受到保护，以免受经济剥削和从事任何影响儿童健康、教育或发展的工作。缔约国应规定受雇的最低年龄并规定有关工作条件的适当规则。

第 33 条：儿童有权获得保护，以使其不使用麻醉药品和精神药物，以及不从事此类药物的生产和贩运。

第 34 条：儿童应获得保护，免受性剥削和虐待，包括利用儿童卖淫和充当淫秽题材。

第 35 条：缔约国应采取一切适当的措施防止贩运和诱拐儿童。

第 36 条：儿童有权获得保护，免受有损其任何一方面福利，第 32 条、第 33 条、第 34 条以及第 35 条所述的剥削以外的其他一切形式剥削。

第 37 条：儿童不应受到折磨、残忍的对待和惩罚以及非法逮捕，不应被剥夺自由。对未满 18 岁的人所犯罪行不得判以死刑或无期徒刑。被拘留的儿童有权获得法律援助以及与家人联系。

第 38 条：未满 15 岁的儿童不得直接参与武装冲突。受武装冲突影响的儿童有权获得特殊保护和照料。

第 39 条：遭遇武装冲突、折磨、忽视或剥削的儿童应获得适当的治疗，让其身心得以康复并重返社会。

第 40 条：触犯法律的儿童有权获得法律保障、法律援助以及让其获得尊严感，以帮助其在社会中发挥积极作用为目的待遇。

附录 4

儿童虐待的具体表现及儿童虐待的长远影响①

一、什么是儿童虐待？

儿童虐待（child abuse）是一个全球性的社会问题，严重影响着儿童的身心发展和健康成长。尽管各国文化背景不同，但目前，国际较为公认的关于儿童虐待的界定是1999年世界卫生组织（WHO）的定义："儿童虐待是指对儿童有义务抚养、监管及有操纵权的人，做出足以对儿童的健康、生存、生长发育及尊严造成实际的或潜在的伤害行为，包括各种形式的躯体虐待、情感虐待、性虐待、忽视及对其进行经济性剥削。"通常，我们将儿童虐待分为三种类型：躯体虐待、性虐待和心理虐待。

1. 躯体虐待

躯体虐待是指对儿童身体的有意伤害，且多与体罚相关，常见的包括扇耳光、掐、拧、用脚踢、用棍棒或皮带打、用力摇晃、勒紧喉咙、用烟头烫、用开水淋、罚站、禁食等。

关于躯体虐待，因不同研究者的研究目的和理论取向不同，有关定义的出发点或侧重点也存在一定差异。目前，存在三种情况：（1）定义仅涉及行为本身，如虐待方式（拳打、脚踢、鞭抽等）、殴打的身体部位、

① 节选自《儿童虐待文献综述》（童小军）。文献综述研究由瑞典救助儿童会资助。

是否使用或使用何种物件（棍、棒、皮鞭、锐器等）；（2）侧重行为后果，包括儿童所受躯体伤害和精神伤害的程度；（3）侧重行为动机或意图。这三种定义在具体操作上均存在一些问题。比如，以行为本身而论，什么样的行为可被视为正常的或可接受的“体罚”，而什么样的行为则应视为“虐待”？以行为后果而论，何种程度的躯体损伤方可判定为虐待？精神的或心理的伤害是否可作为躯体虐待的定义依据？以行为动机而论，动机如何评估？在“善意”的动机和严重的伤害之间如何分界？凡此种种均存在大量争议（朱婷婷，2005）。

那么，在“打是亲，骂是爱”“棍棒底下出孝子”等传统养育观念影响下，中国父母对躯体虐待是如何认知的？有研究者专门对此进行了调查，设计问卷，包含3个问题和10种躯体虐待症状（回答：是、否、不知道），对回答“是”的进行统计，结果发现：（1）罚站（54.7%）；罚跪（86.5%）；罚写多遍作业（49.2%）；罚不让吃饭（84.9%）；罚过强的体育运动（82.7%）；罚过重的体力活动（90.1%）；罚冬天长时间站在外面，使其感到非常寒冷（90.0%）；作为惩罚，将孩子关在一个很小的地方，限制其活动（86.6%）；（2）由于各种原因，孩子被用手打屁股、被扇耳光、被踢、被拧、被用力推等（75.1%）；（3）由于各种原因，孩子受到家人用器械打：如尺子、扫帚、棍棒、皮带等（93.9%）。其中，家长对“罚站”“罚写多遍作业”和“由于各种原因，孩子被用手打屁股、被扇耳光、被踢、被拧、被用力推”的认知未达到80%（苏小路，2011）。这说明，家长是根据行为的直接结果的严重程度作为判断标准，而忽视了轻微的躯体虐待会给孩子带来的隐性伤害。此外，家长的认知程度不受人口统计学变量的影响，这也充分说明了此种认知态度具有普遍性。

接下来，我们将根据手头的文献资料，通过整理各研究结果，归纳出中国儿童躯体虐待的主要表现形式及流行现状。

表现形式

可能是因为目前尚未明确躯体虐待的定义，不同研究中使用的调查问卷或开放式问题也不相同。分析发现，这些研究中所涉及的躯体虐待的表现形式大致可归为以下几类：

（1）徒手用力：用力徒手打，用力推搡或摇晃，用力地掐、拧、捏、抓孩子，用力地徒手拍打孩子的屁股、手、脚、胳膊、腿或背，用力用脚踹（屁股、腹部）等。

（2）借助工具：用物品打（如棍棒、扫帚、皮带、衣架、树枝、砖头等）。

（3）惩戒体罚：罚跪、罚站、罚不让吃饭、罚从事重体力劳动或活动。

（4）限制自由：关在一个很小的地方（如卫生间或楼梯间），用绳子捆住使其无法移动。

（5）严重虐待：窒息、烧烫、扎针、利器刺伤。

流行现状

研究者们通过问卷调查对某些地区的儿童躯体虐待现状进行了调查，这些地区主要包括广东、广西、湖南、安徽、黑龙江、河北、北京、山东、江西等地。具体研究结果如下：

就躯体虐待的总发生率而言，不同地区研究结果不尽相同。杨林胜等（2004）针对长沙4—8年级儿童研究发现，儿童躯体虐待发生率达62.4%；李彪（2005）针对江西新余市3—5年级儿童的研究发现，躯体虐待的发生率为78.5%；黄群明等（2006）针对广东的高中生研究发现，其躯体虐待发生率33.4%；赵丹和李丽萍（2006）针对广东医学生的研究发现，儿童期躯体虐待发生率为88. 0%；陈晶琦（2006）针对北京学生的研究发现，近1年来58.7%受访者有过至少1次被父母打或责骂的经历；许晓君等（2008）针对广州的初中生研究发现，其躯体虐待发生率为27.4%；林蓉等（2011）针对广州的初中生研究发现，其躯体虐待发生率为31.51%；崔立华等（2011）针对唐山3—6岁幼儿家长的研究发现，最近1年里，60. 1%的父母对子女实施过躯体虐待；而在北京，有77.7 %的幼儿家长在近3个月内对子女实施过躯体暴力（肖晚晴和陈晶琦，2011）；钟秋云等（2012）针对广西医学生的研究发现，在小学阶段儿童受躯体虐待率为58. 33%，在初中阶段儿童受躯体虐待率为16. 67%；牛怡等（2014）针对山西医学生研究发现，儿童期躯体虐待发生率为17.38%。

分析发现，学前儿童和小学儿童遭受躯体虐待的比率明显较高，在

58. 33%—88. 0% 之间；而中学生的比率则相对较低，在 17.38%—33. 4% 之间。这可能与小学生自身的发展特点有关。处于小学甚至更小的年龄阶段的孩子，其自身能力不足，但自主意识又非常强，容易与父母发生冲突，而此时的父母往往也很难将一个几岁的孩子看作一个完整而独立的人来对待，同时也将自己摆在家长的位置，常常以权威或武力来解决问题。随着孩子年龄的增长，他们会变得越来越明事理，家长也开始尊重孩子的意见，亲子之间地位逐渐趋近平等，沟通状况逐渐变好。因此，躯体虐待现象也慢慢减轻或消除。

就具体表现形式而言，陶芳标等（2004）的一项针对安徽农村 1—14 岁儿童的研究发现，近 1 个月来，挨打发生率为 39.3%，打 3 次以上发生率为 17.3%，罚站或罚跪发生率为 3.5%，不让回家的发生率为 2.2%，不给吃饭的发生率为 3.1%；陈晶琦（2006）研究发现，在被调查的 185 名小学生父母中，在最近 1 年里，有 97 人（52.4%）曾对子女实施过下列躯体虐待行为：用力徒手打（51.9%）、用物品打（10.8%）、罚跪（5.4%）、罚不让吃饭（3.2%）、曾使孩子窒息或烧烫或用利器刺伤（1.1%）；陈晶琦等（2008）研究发现，在 528 名大中专学生中，有 36.2% 的人报告 16 岁前曾受到至少 1 次来自父母的体罚及情感虐待：严重徒手打（21.4%）、用物品打（16.1%）、锁在一个很小的地方或捆住或拴住（2.8%）、窒息或烧或用利器刺伤（0.4%）。

分析发现，在所有的躯体虐待表现中，徒手打最为常见，发生率在 21.4%—51.9% 之间。这也是父母最为“便利”的一种方式，容易实施，且可见的伤害性不大，因此父母在某种激烈的情境中很容易采取“徒手打”的惩罚方式。可能最初这只是一种惩戒或教训，久而久之，反复出现就演变成躯体虐待的一种表现。

此外，徐韬等（2014）通过对近 20 年的文献分析发现，我国儿童躯体虐待的发生率为：城市地区 41.2%—67.3%，农村地区 32.4%—39.4%，不同研究对躯体虐待的测量方法不一致。

从上述分析发现，躯体虐待在我国家庭环境中普遍存在。还有一点值得注意，那就是躯体虐待和体罚的关系，有研究者认为体罚不等同于躯体虐待，有些体罚是可以接受的，只有非常严厉的体罚才可称之为虐待；但也有人认为，体罚属于躯体虐待的一种，应杜绝一切形式的体罚。无论如何，目前关于躯体虐待和体罚并没有明确的界定和区分，致使躯体虐待普遍发生而不被大家认知。

2. 性虐待

关于性虐待，目前国际上有比较统一的认可。根据其行为表现可分为：身体接触的行为（如抚摩、猥亵、暴力强奸等）和非身体接触的行为（比如成人向儿童暴露自己的身体，进行语言上的挑逗，或者让儿童阅读色情刊物）（马韵，2003）。

表现形式

通过对以往资料进行整理，归纳出12种具体的性虐待行为：施虐者向儿童暴露其性器官；在儿童面前手淫；对儿童进行性挑逗；触摸或抚弄儿童身体，包括乳房或性器官；迫使儿童对其进行性挑逗和性挑逗式地触摸施虐者的身体；在儿童身上故意磨擦其性器官；用口接触儿童的外阴部或性器官；迫使儿童用口接触施虐者的性器官；试图与儿童性交；强行与儿童性交；试图与儿童肛交；强行与儿童肛交（前3种为非身体接触性虐待，后9种为身体接触性虐待）。

流行现状

文献分析发现，关于性虐待的现状调查，一大部分是综合考察我国某地区儿童性虐待的发生率，还有一部分是专门针对男生或女生群体。

就综合调查而言，不同研究得到的结果也不相同。大多数研究分析，我国儿童性虐待的发生率在20%以上（赵幸福等，2004；谷有来等，2005；黄群明等，2006；赵丹和李丽萍，2006；牛怡等，2014），也有研究发现儿童虐待的发生率是17.94%（林蓉等，2011）。

有研究比较了性虐待发生率的性别差异，比如陈晶琦（2004）研究发现，女生和男生遭受性虐待的发生率分别为20.0%和14.3%，女生略高于男生；孙言平等（2006）研究发现，在成年学生群体中，有18.67%的人报告18岁以前曾经历过非身体接触或身体接触的性虐待，其中男生（14.69%）和女生（22.11%），女童随年龄增长，性虐待发生率有上升趋势，64%的性虐待发生在12—18岁之间；牛红峰等（2010）研究发现，在1 099名大学生中，男生（10.2%）和女生（18.2%）在14 岁前经历过1 种或几种不同形式的身体接触或非身体接触的性虐待。可见，女生遭受性虐待的几率更高。

还有专门针对男生群体的研究，在被调查的 239 名高中男生中，有 23.0% 的人报告 16 岁前曾经历过非情愿的，或非身体接触或身体接触的性虐待（陈晶琦和王兴文，2003）；而专门针对女生群体的研究则发现，在被调查的 985 名女生中，有 251 人（25.5 %）16 岁前曾经历非身体接触或身体接触的性虐待（陈晶琦等，2002）；在针对女大学生的研究中发现，有 22.11% 的人报告曾在 18 岁之前经历过非身体接触或身体接触的性虐待（孙言平等，2005）。

尽管一提到性虐待，我们首先想到的受害者是女生，但研究发现，男生同样面临性虐待的危险。分析发现，男生遭受性虐待的发生率为 10.2% —23.0%，女生遭受性虐待的发生率为14.2%—25.5%，总体而言，女生遭受性虐待的发生率高于男生，这一发现也与已有研究结果相一致（徐韬等，2014）。

一说到性虐待，不得不提的就是施虐者。有研究对施虐者的特点进行了分析，孙言平等（2005）研究发现，非身体接触的主要是陌生人（约占 78.7%），而 71.3% 的身体接触者是由熟人所为，其中老师占 12.5%，邻居占 17.5%，亲戚占 21.3%；孙言平等（2006）研究还发现，施虐者大多数为男性；只有少数的施虐者采用了暴力手段；近半数的施虐者是与受害儿童生活、学习关系密切的亲戚、邻居和老师；牛红峰等（2010）研究发现，施虐者主要是陌生人（40.3%）和同学或朋友（23.9%），还有 11.3% 为家庭成员或亲戚；还有研究发现，生活在重组家庭中的儿童性虐待的报告率高于核心家庭，施虐者多为同居者或继父母（陈晶琦等，2014）。

因此，不难看出，性虐待的实施者大多与儿童存在亲密关系，比如亲戚、邻居、老师、朋友等，尤其是重组家庭的儿童更值得关注。

3. 心理虐待

心理虐待（psychological maltreatment），也有人将其等同于“情感虐待”或“精神虐待”。目前，最广为采用的是美国儿童心理虐待专业协会

（American Professional Society on the Abuse of Children，APSAC）的定义：心理虐待是看护者的一种重复的行为方式或极端的事件模式，向儿童传达了这样的负性信息，即他们是无价值的、有许多缺点的、不可爱的、危险的、多余的、无用的或只有在满足别人需要时才有用的（Kairys & Johnson，2002）。情感虐待主要表现为言语的讥讽、咒骂、羞辱、挖苦、孤立、恐吓、藐视等方式，对儿童的情绪和心理造成不良影响，威胁着儿童的基本心理需求满足。

我国学者也对心理虐待进行了界定，潘辰（2010）将心理虐待定义为：心理虐待主要来源于对儿童有责任义务、关系密切的人，是持续、重复、不适当的行为，它大大损害了儿童的社会、认知和情感方面的发展，但这些行为不涉及对儿童身体和性的接触，包括恐吓、忽视、贬损、干涉和纵容五种类型；张文心和刘文（2014）认为，儿童心理虐待是指抚养人对儿童长期、反复采取的不利于儿童心理健康的行为，可能导致儿童产生心理问题。

近年来，研究者们逐渐将心理虐待与躯体虐待、性虐待区别开来进行单独研究。心理虐待往往更隐蔽、更普遍、更有害，其后果也更难控制。心理虐待是儿童虐待与忽视的核心问题，它构成了不同类型的儿童虐待与忽视的基础；几乎所有的躯体虐待和性虐待中都包含有心理虐待成分（Brassard，1998）。

表现形式

APSAC在总结前人诸多研究的基础上提出了6种心理虐待形式：（1）言语和非言语的敌意、唾弃、拒绝、贬低；（2）恐吓威胁儿童或者置孩子及其心爱之物于危险的境地；（3）剥削（腐蚀），即纵容孩子养成不良行为；（4）拒绝情感反应，忽视孩子交流的需要，不能向孩子表达积极情感，在与孩子交往中没有投入情感；（5）孤立、阻止孩子与同龄人或其他成人交流和交往的机会；（6）忽视孩子在心理、身体健康、医疗上的需要，不能满足孩子医疗和教育的基本权利（李云，2010）。值得注意的是，这种界定方式还将“忽视”纳入了心理虐待的范畴。

国内学者也先后对心理虐待的形式进行了探讨。其中邓云龙等（2007）将心理虐待区分为：责骂、恐吓和干涉三个维度。潘辰等（2010）将心理虐待定义为：心理虐待主要来源于对儿童有责任义务、关系密切的人，是持续、重复、不适当的行为，它大大损害了儿童的社会、认知和情感方面的发展。但这些行为不涉及对儿童身体和性的接触，主要包括恐吓、忽视、贬损、干涉和纵容五种类型，并编制了相应的测量工具。这也是国内目前应用较为广泛的一种界定。

向秀英等（2007）也对儿童心理虐待的表现形式进行了总结：（1）父母轻视孩子，使孩子觉得自己做不对任何事情；（2）父母不给孩子提供安全和健康的家庭环境；（3）父母拒绝给予情感反应；（4）父母对孩子采取一种异乎寻常的折磨人的行为；（5）父母不允许孩子独立和自主；（6）孩子成为家庭争斗的棋子；（7）父母仅仅对孩子的负性行为给予惩罚，而很少赏识孩子的积极行为；（8）父母与孩子之间缺乏明晰的界线。

总之，心理虐待主要表现为负性的生活经历，它让儿童失去正常的生活体验如被爱的感觉、被需要的感觉、有能力的感觉和安全的感觉。虽然它不伤及皮肉，却戕害心灵，扼杀个性，对儿童造成深远的影响。

本文在总结已有文献的基础上，并根据国内实际对心理虐待的表现形式进行总结。

（1）训斥责骂：训斥、指责、责骂、咒骂，无原因无理由地谩骂。

（2）贬损羞辱：轻视、说其不如别人，贬低、羞辱、奚落、讥讽、挖苦、藐视。

（3）威胁恐吓：威胁其将被遗弃、威胁剥夺心爱之物、威胁不满足其要求等。

（4）敌意和厌恶：言语或非言语的厌恶、憎恨、说希望其没出生。

（5）忽略和拒绝：忽略孩子的情感信号和求助信号，拒绝与孩子有亲密的身体接触，拒绝作出反应，拒绝基本需要的满足，对孩子的言语或行为置之不理或故意拒绝，无感情或不投入的交流（如同时还忙着其他事情，看手机、电视等）。

（6）过分干涉：不让孩子独立和自立（不相信孩子的能力，父母动手做完孩子本应自己做的事情），阻碍性别认同（如让女孩喜欢男孩玩具和服装），干涉同龄人交往，孤立。

（7）不良暴露：目睹父母的家庭暴力，父母斗争的棋子，父母不一致的态度和行为，知晓成人的事情和烦恼等。

（8）纵容溺爱：纵容养成不良行为，使行为偏离，过度“不干涉”。

（9）过度期望：与现实不符的期待，与儿童发展水平不符的期待。

（10）过度管教：严家教、多规矩。

流行现状

关于心理虐待的研究，目前主要是中南大学湘雅第三医院临床心理科的邓云龙的团队在做。值得注意的事，他们通常将心理虐待和忽视一起进行研究。本文仅抽取与心理虐待有关的研究结果，具体结果整理如下。

关于心理虐待的流行现状，目前研究结果存在较大差异。赵幸福等（2004）针对河南某乡中学生的研究发现，情感虐待的发生率为45.1%；李彪（2005）研究发现，新余市3—5年级儿童父母心理（精神虐待）发生率为83.9%；赵丹和李丽萍（2006）发现情感虐待发生率为74. 4%；黄群明等（2006）发现情感虐待的发生率为77. 0%；陈晶琦（2006）发现在被调查的552 名北京学生近一年来被父亲责骂（46.4%）、被母亲责骂（43.7%）；秦丽珍等（2008）在哈尔滨844名被调查者中，在过去一年内有情感虐待经历的占47. 3%；许晓君等（2008）发现的情感虐待发生率为79.5%；谢智静等（2008）针对大学生进行了调查，通过对457名中南大学和湖南商学院的本科生进行问卷调查，发现遭受心理虐待的占总人数的21.66%；邹圣军等（2010）通过对南昌市397名高中生的问卷调查，发现有19.6%人在儿童期经历过心理虐待；林蓉等（2011）研究发现的情感虐待发生率为59.41%；钟秋云等（2012）研究发现，在情感虐待方面，儿童在小学阶段受虐待率59.87%，在初中阶段受情感虐待率为36.18%；牛怡等（2014）研究发现，大学生儿童期情感虐待发生率为64.8%。

分析发现，绝大多数研究认为，心理虐待（情感虐待）的发生率在50% 左右，也有个别高达 80% 以上，个别偏低的约为 20%。导致这一结果的原因，可能是因为目前尚没有统一的心理虐待（情感虐待）测量方法，且情感虐待和心理虐待两个概念之间也存在一定的混淆。

综合上述分析发现，在儿童虐待的三种类型中，躯体虐待的发生率最高，其次依次为心理虐待和性虐待。通常情况下，儿童遭受的虐待以某一种具体类型为主，多种虐待类型同时存在。

二、儿童虐待的影响因素

文献分析发现，关于儿童虐待的影响因素，一部分是包含在现状调查的结果描述中，通过比较不同人口统计学变量水平下的儿童虐待发生率，来推断哪些因素可能是儿童虐待的危险因素（包括父母、儿童、家庭等基本信息）；还有一部分是就其中某种因素进行单独研究，如父母的养育方式等。总体而言，这些影响因素可分为父母因素、儿童因素、家庭因素和社会因素四大部分。

1. 父母因素

性别

俗话说“严父慈母”，在教养孩子的过程中，父母双亲也存在性别差异。陈晶琦（2008）在对 528 名学生的回顾性调查中发现，有 11.4% 人报告在 16 岁前曾被母亲严重徒手打过，10.2% 曾被母亲用物品打过；14.8% 报告曾被父亲严重徒手打过，9.7% 报告曾被父亲用物品打过。总体来说，父亲实施体罚的比例较高。但也有研究发现，母亲更容易实施躯体暴力（肖晚晴和陈晶琦，2011）。这也可能是儿童平时与母亲接触更多的缘故。

文化程度

关于父母文化程度对儿童虐待发生率的影响，已有的研究结果并不一致。

一部分人认为，父母的文化程度越高，儿童虐待发生的可能性就越小。比如有研究发现，随着父母文化程度的提高，其虐待儿童的行为会越少（陶芳标等，2004；李彪，2005）。孙言平等（2005）发现，对于性虐待而言，父亲文化程度高是保护性因素，同样，高翠青等（2012）研究也发现，父母文化程度高低与儿童性虐待发生率有关；肖晚晴和陈晶琦（2011）研究发现，家长文化程度较低，是家长对儿童躯体暴力行为的危险因素；王永红和陈晶琦（2012）也发现，母亲文化程度高是儿童虐待发生的保护因素。

另一部分人则认为二者不相关。比如陈晶琦（2006）研究发现，父母受教育水平与儿童虐待不存在显著关联，即儿童虐待的发生率与父母的文化程度没有关系，这一结果也得到了有关验证（牛红峰等，2010）。

从文献数量来看，大多数研究支持第一种观点，即父母文化程度越高，儿童虐待的发生率越低。

身心特点

首先，是父母个性特点。比如父母性格偏激，易冲动，控制能力差，往往会造成儿童的躯体虐待（肖晚晴等，2011）；但也有研究发现，受虐待组和对照组的父母个性特点，包括精神病倾向、内向、外倾、神经质和掩饰度等方面均无明显差异，同时发现，对照组的父母更善于情感表达（杨世昌等， 2008）。

其次，是父母自身健康状况。有研究发现，父母体弱多病是儿童虐待的一个危险因素（孙言平等， 2005，2006）；肖晚晴等（2012）发现，情绪控制水平低的家长对子女施加暴力的危险性增加。

最后，是父母的不良行为。一是指父母的不良嗜好，如赌博、酗酒、吸毒等，以往研究结果基本一致，即这些不良嗜好是儿童虐待的危险因素（杨林胜等，2004；李彪，2005；王大华等，2009；崔立华等，2011；牛怡等，2014；林蓉等，2014）；二是父母的暴力行为，孙言平等（2006）研究发现，对于性虐待而言，父亲、母亲经常在家庭中使用暴力是一种危险因素。

夫妻关系

夫妻关系是家庭环境中除亲子关系之外的重要人际关系。父母的夫妻关系如何，直接影响其对孩子所采取的态度和行为。研究发现，父母经常吵架是儿童躯体虐待发生的一个危险因素（杨林胜等，2004；李彪，2005）；也有研究发现，父母的关系状况不良也会对儿童虐待的发生产生一定影响（秦丽珍等，2008；崔立华等，2011；王永红和陈晶琦，2012；牛怡等，2014）。可见，营造良好而融洽的夫妻关系也是减少儿童虐待的一种有效手段。

养育方式

有研究发现，心理虐待与忽视，同父母养育方式存在显著相关，虐待组的父母惩罚、严厉、过分干涉、拒绝、否认、过度保护得分均高于对照组，非虐待组父母情感温暖、理解因子的得分均低于对照组，且差异显著（杨世昌等，2003；肖长根等，2007）。此外，秦丽珍等（2008）也发现，干涉型教育方式及盲从型教育方式是发生情感虐待的危险因素。

工作因素

工作和家庭是每一个人生存和生活的两个重要板块。尽管二者在空间上是隔离的，但也存在相互影响。研究发现，父母的工作处境不良也是导致儿童虐待的一个重要因素，比如，无职业状态（肖晚晴和陈晶琦，2011）、工作变动（崔立华等，2011）等。这一结果可以通过“溢出—交叉”（Spillover-Crossover Theory）理论进行解释，所谓溢出，是指压力或紧张会在个体内部传播，如工作压力或不良情绪会从工作领域渗透到家庭。换句话说，一个人在工作中不顺心了，往往会在家庭中表现出不当的行为或言语。

受虐待经历

儿童虐待能够代际传递。我国学者孟庆跃等（1994）研究发现，父母小时候挨过其父母的打，是对自己孩子进行躯体伤害的危险因素。之后，也有研究得到类似结果，家长童年期的被虐待经历是家长对儿童躯体暴力的危险因素（肖晚晴和陈晶琦，2011；牛怡等，2014）这说明，在儿童时期受到过虐待的父母，他们虐待自己子女的危险性更高，这一结果可以通过社会学习理论得到解释。

除上述因素之外，儿童虐待还可能会受到父母年龄和养育观念的影响。尽管目前尚无文献考证，但不难推断，父母由于年轻，因缺乏物质储备和相应的育儿知识技能，可能会导致行为的偏颇；而“老来得子”则会使父母对孩子过度干涉和溺爱，致使其行为偏离，最终成为“善意虐待”。此外，因受传统养育观念的影响，绝大多数父母对躯体虐待缺乏正确认知，换言之，他们对躯体虐待存在一定程度的认可和接纳，这也是导致儿童虐待的原因之一。

2. 儿童因素

儿童自身的特点也是导致儿童虐待的重要因素，包括儿童的性别、年龄、行为表现和健康状况等。

性别

关于儿童虐待发生率的性别差异，以往的研究结果基本一致，即男童遭受虐待的比率要显著高于女生（陶芳标等，2004；杨世昌等，2004；李春灵等，2010；肖晚晴和陈晶琦，2011；王永红和陈晶琦，2012；刘萍等，2014）。

但就具体的虐待类型而言，研究结果之间也存在不一致。比如，性虐待的发生率，有研究发现女生遭受性虐待的比率显著高于男生（陈晶琦等，2014）；关于躯体虐待，有研究认为，男女之间不存在性别差异（赵幸福等，2004；陈晶琦，2006；黄群明等，2006；崔立华等，2011），也有研究发现，男生躯体虐待显著高于女生（林蓉等，2011）；关于情感虐待，是女生显著高于男生（林蓉等，2011）。这可能是因为研究选取的被试群体和测量工具不同。

年龄

关于儿童虐待的发生率如何受儿童年龄的影响，已有研究结果基本一致。比如，有研究发现，儿童受父母体罚的发生率随儿童年龄的增长呈下降趋势（王大华等，2009）；儿童年龄越小，其遭受虐待的比率越高（陶芳标等，2004）；刘萍等（2014）通过差异比较也发现，小学阶段儿童虐待的发生率显著高于中学阶段，分别41.8%和17.7%，差别有统计学意义，与钟秋云等（2012）的研究结果基本一致。可见，儿童虐待的发生集中在小学或更小的年龄阶段，之后，随着儿童年龄的增长，其遭受虐待或体罚的几率也越来越小。

性格特点

杨世昌等（2004）研究发现，儿童虐待与儿童的个性特征有关，该研究通过小组对比发现，受虐儿童的情绪不稳定分值较非受虐组为高，且差异具有显著性，这说明，儿童情绪冲动控制不良(如易焦虑、紧张、易怒、对各种刺激的反应过于强烈)，行为易冲动更容易遭受虐待。随后，杨世昌等（2005）研究还发现，儿童性格古怪、孤僻、易找麻烦是儿童虐待的危险因素。

行为表现

儿童不良的行为表现是导致虐待的直接原因。一项针对家长的调查显示，儿童被打或遭受体罚的原因，排名最前的两个是：学习成绩不好（45.4%）和贪玩（43.3%）（陈晶琦，2006）。与之相同，杨林胜等

（2004）和李彪（2005）研究也发现，儿童的学习成绩越差，受虐待率越高。当然，这些成绩或行为标准的制定是否符合儿童的发展特点，还是家长想当然地确定，这些问题有待进一步考证。

健康状况

儿童自身的健康情况可能是其遭受虐待的间接原因。有研究发现，儿童的情绪不稳定性和注意力缺失过动症也是其遭受虐待的原因之一（杨世昌等， 2004）；秦丽珍等（2008）也发现，儿童健康状况不良也是儿童虐待的危险因素。此外，儿童的身体缺陷、发育迟缓、脑瘫或智障等因素也可能是导致其遭受虐待的高危因素。因此，拥有特殊儿童的家庭应特别关注。

除此之外，是否非独生子女也可能是原因之一，有研究发现，相对独生子女而言，非独生子女的儿童遭受虐待的比率更高（陶芳标等，2004）。

3. 家庭因素

家庭是儿童早期生活的主要场所，也是儿童虐待发生的主要场所。家庭因素，包括物理因素和人文环境因素，对儿童虐待的发生也存在一定影响。

经济水平和物理环境

经济问题是一切问题的源头，物质条件的匮乏可能会导致一系列问题的发生。杨林胜等（2004）研究发现，家庭经济状况不好会增加儿童躯体虐待的发生，与之相同，陶芳标等（2004）也认为，经济状况差是儿童虐待的危险因素；林蓉等（2014）研究还发现，居住环境也是儿童虐待的重要影响因素。可见，基本的物质生活保障对儿童的健康发展尤为重要，它不仅会直接制约儿童身体的健康成长，更会成为导致儿童虐待和进一步伤害的潜在因素。

家庭结构和人际关系

单亲家庭和重组家庭是儿童虐待发生较多的家庭（王大华等，2009）。孙言平等（2006）发现，重组家庭是男童性虐待发生的危险因素。考虑中国特有的文化背景，形成了“421”的大家庭特色，父母和祖孙三代共同生活在一起，触及各种微妙关系，激发养育观念和养育方式的冲突，可能会给儿童带来更多的心理虐待。

已有研究发现，家庭成员之间的关系紧张也是儿童虐待的危险因素，这里主要是指父母与祖父母之间的关系（孙言平等，2005; 孙言平等，2006）。此外，蔡晓军（2008）发现，家庭气氛融洽以及儿童与父母亲的关系融洽是情感虐待发生的保护性因素。可见，家庭内部良好的人际关系可以预防儿童虐待的发生。

4. 社会因素

社会因素作为宏观的外部环境因素，其影响作用是隐性而间接的，比如居住地的经济水平、人文条件等。

刘萍等（2014）认为，儿童居住地的经济水平对儿童虐待的发生具有一定影响，该研究结果显示，好、中、差经济水平县的儿童虐待的筛查阳性率分别为22.8%、31.6%和33.9%，差别有统计学意义，即经济水平越差，儿童虐待的发生率越高。

牛红峰等（2010）研究发现，来自城市的女大学生比来自城镇和农村者遭受儿童期性虐待的比例更高。

此外，还有研究比较了儿童虐待发生率的民族差异。蔡晓军（2008）通过对比蒙古族和汉族的大学生的儿童期虐待经历发现，儿童虐待的发生率不存在民族差异。同样，陆贤杰等（2012）也发现汉族和壮族的儿童虐待发生率不存在民族差异。但也有不一致结果，刘萍等（2014）研究则发现，儿童虐待的民族差异显著，表现为汉族儿童虐待的发生率显著高于壮族。

分析发现，儿童虐待的影响因素主要还是来自父母方面。因此，儿童虐待的预防工作也要从父母做起。尽管在整理资料信息的时候，笔者将上述影响因素进行分类并单独呈现，但这些因素对儿童虐待的影响并不是单独起作用的，而是其中两个或以上的因素之间相互影响最终导致了儿童虐待的发生。可见，儿童虐待的发生并不是一个简单的行为问题，其背后可能还存在诸多问题，应将其放在个体系统、家庭系统和生态系统的大背景下去研究、去解读，从而找到科学有效的干预方法。

三、儿童虐待的后果影响

儿童虐待会对儿童的身心发展造成一系列严重的消极结果，这些结果可能是近期结果，即与虐待同时或短期内发生；也可能是远期结果，即在儿童长期的发展过程中逐渐表现出来。通过文献分析发现，儿童虐待所产生的不良后果主要包括以下几个方面。

1. 身体及生理方面

身体方面主要指可观察到的淤青、红紫、伤痕等，多与躯体虐待有关，这些伤害都是即时可见的。

除此之外，有研究发现，躯体虐待和言语虐待还会影响小学生的睡眠质量，虐待程度越严重，其睡眠质量越差（雍那等，2011）。

还有研究发现，心理虐待和忽视会影响小学生的躯体化症状，包括胃肠道症状、疼痛、虚弱症状、心血管及其他症状以及假神经症状等（罗爱民等，2013）。

这些不良后果都可能会对儿童身体的健康成长造成严重影响。

2. 心理方面

关于儿童虐待对个体的心理发展所产生的不良影响，是该领域的研究热点，也是心理学和教育学领域最为关注的研究话题。

认知发展

认知能力是指人脑加工、储存和提取信息的能力，它是人们成功的完成活动最重要的心理条件，主要包括知觉、记忆、注意、思维和想象等能力。

研究发现，受虐待儿童的社会信息加工能力存在缺陷，主要体现在对社会信息的解释阶段和生成反应两个方面。具体表现为，在模糊同伴激惹情景下，受到多种虐待经历的儿童的敌意归因趋势更明显；在反应生成阶段，儿童在理解社会性刺激意义的基础上产生一系列可供选择的反应计划，并从中选择合适的行为反应，研究发现，清晰权威情景中各虐待组儿童生成反应的数目均小于对照组。这说明，受虐待儿童面对权威情景缺乏有效策略，生成反应能力较差（刘爱书和于锐，2011）。

有研究发现，儿童虐待会对小学生感觉统合能力的发展造成不良影响

（靳自斌等，2007）。感觉统合指将人体器官各部分感觉信息输入组合起来，经大脑整合作用，完成对身体内外知觉，并作出反应。只有经过感觉统合，神经系统的不同部分才能协调整体工作，使个体与环境接触顺利。该研究发现，性虐待对大肌肉及平衡、本体感不佳和学习能力发展不良具有负向预测作用；情感虐待对触觉防御及情绪和学习能力发展不良具有负向预测作用；但并未发现躯体虐待有任何预测作用。

此外，还有研究通过受虐待组和对照组的数据结果发现，儿童期受过心理虐待的成人对消极情绪面孔存在注意偏向（刘爱书和王春梅，2014）。

总之，儿童期虐待会对个体的认知发展水平和信息加工能力产生不良影响，进而还可能会影响个体的人际交往和社会适应。

人格形成

人格主要是指个体所具有的与他人相区别的独特而稳定的思维方式和行为风格。人格是指一个整体的精神面貌，是具有一定倾向性的和比较稳定的心理特征的总和。人格的形成既有先天的遗传作用，也会受到后天养育环境的影响。文献分析发现，儿童期虐待也会对其人格形成造成不良影响。

有研究发现，儿童期虐待能够正向预测大五人格中的神经质，负向预测外向性、开放性、谨慎性和友善性（朱相华等，2012）；能够促进小学生攻击性人格的发展（朱相华等，2008）。

有研究发现，受虐待经历会影响小学生人格的情绪性维度，包括敏感、急躁和悲观，该研究发现，儿童虐待能够负向预测敏感，正向预测急躁和悲观（杨永杰和朱相华，2009）；影响人际关系维度，包括温和、谨慎和委婉，该研究发现，儿童虐待对人际关系存在负向预测作用（李翔等，2008）；影响外向性，包括合群、活跃和诙谐，该研究发现，儿童虐待对外向性存在负向预测作用（高海燕和朱相华，2010）。

此外，还有研究发现，儿童虐待对不同类型的人格障碍具有重要影响（柳娜和张亚林，2009）；儿童期的虐待经历能够正向预测 B 群人格障碍倾向（包括反社会型、边缘型、表演型和自恋型）（彭咏梅等，2011）；儿童期虐待还与反社会人格症状呈显著正相关（蒋奖和许燕，2008）。

心理健康

儿童虐待还会对个体的心理健康水平及各项心理健康指标造成不良影响。

儿童期虐待会影响儿童发展后期，包括中学生、大学生和成人期的心理健康水平，多数研究采用 SCL-90 心理健康症状量表进行评定，并得到了较为一致的结论，即儿童期经历虐待的个体，其症状表现越明显。这些症状可能体现在躯体化、强迫症状、人际关系敏感、抑郁、焦虑、敌对、恐怖、偏执、精神病性和其他（饮食、睡眠等）等一个或多个方面（陶芳标等，2006；谢智静等，2008；常宪鲁和王华云，2008；严琴琴等，2009；高翠青等，2011）。

抑郁。儿童虐待会使个体产生抑郁情绪，甚至导致抑郁症。有研究发现，儿童期性虐待经历的女生抑郁情绪量表得分高（陈晶琦等，2004）；与非虐待组相比，虐待组的抑郁情绪得分显著较高（郎春英和黄群明，2007；杨世昌等，2011）；经历虐待的人，抑郁症首次发病年龄小（陈景清等，2008）。

此外，还有学者探讨了虐待对抑郁产生作用的中间过程，进行了机制研究。比如王瑶等（2008）发现，心理虐待通过自我和谐的部分中介作用预测高中生的抑郁；张迎黎等（2010）发现，亲子依恋在儿童期虐待经历和抑郁间起部分中介作用；宋锐和刘爱书（2013）还发现，心理虐待通过自动思维的中介作用正向预测抑郁。

焦虑。通过对比研究发现，心理虐待及忽视在广泛性焦虑障碍患儿中更普遍、更严重（管冰清等，2010）。其次，儿童虐待对小学生焦虑有显著的正向预测作用（朱茂玲和徐晓叶楠，2012），进一步研究发现，这种预测作用还会通过心理弹性的部分中介作用来实现（朱茂玲等，2013）。

自尊。自尊是个体对其社会角色进行自我评价的结果，是对自己综合价值的肯定。关于儿童虐待对自尊的影响作用，以往研究结果较为一致，均认为虐待经历与低自尊水平有关。

例如，有研究发现，遭受过躯体暴力被试者的自尊和自我效能分数明显低于没有这一经历的被试者（刘忠晖，2004）；心理虐待和忽视与高中生的低自尊密切相关（刘桥生等，2009）；儿童期虐待会通过神经质和外向性中介作用间接影响个体的自尊水平（朱相华等，2012）；儿童虐待能够反向预测自尊，其中外显自尊与情感虐待关系密切，内隐自尊与性虐待关系（沙晶莹和刘爱书，2013）。

孤独感。孤独感是一种封闭心理的反映，是感到自身和外界隔绝或受到外界排斥所产生出来的孤伶苦闷的情感。一般而言，短暂的或偶然的孤独不会造成心理行为紊乱，但长期或严重的孤独可引发某些情绪障碍，降低人的心理健康水平。此外，孤独感会增加与他人、社会的隔膜与疏离，给个体适应社会造成一定的困难。

研究发现，心理虐待和忽视能够通过自我意识的中介作用正向预测孤独感（杨文娇，2012；段宝军和张彦军，2014）；还有研究发现，童年期经历反复虐待与初中生的孤独感存在密切联系（刘阳等，2013）。

除上述心理指标外，童年期的虐待经历与成年期罹患精神障碍疾病密切相关，一项关于心理科门诊病人和正常人的对比研究发现，病人组的童年期虐待和创伤量表得分显著高于正常人（阎燕燕和孟宪璋，2005）。

3. 行为方面

儿童虐待还会对个体的行为表现产生一定的影响，导致各种不良行为的发生。

首先，研究发现，儿童期的虐待经历会导致早期品行障碍（崔杉杉等，2013）。比如：（1）经常挑起或参与斗殴；（2）经常故意伤害他人或虐待动物；（3）经常故意破坏家里的东西或公共财物；（4）故意纵火；（5）经常偷窃；（6）瞒过家长全天逃学，一个学期3次以上；（7）无明显原因离家出走，彻夜不归，至少2次；（8）经常撒谎，并非为了逃避惩罚；（9）其他触犯刑律的行为；等等。

有研究还表明，儿童期遭受躯体虐待能够预测男性成年后的躯体施暴行为。有研究发现，儿童期遭受躯体虐待的男性，在成年后出现躯体暴力行为的可能性大大增加（柳娜等，2008）；虐待经历与初中生的伤害和暴力行为有关，如携带刀具、打架等（余婷婷等，2013）。

其次，虐待还会引发一系列的不良行为，如吸毒、网络成瘾、流产、斗殴、吸烟饮酒等。比如有研究发现，在强制戒毒的人员中，有56.7%的人在儿童期有过受虐待经历（陆凤英等，2014）；童年期反复虐待能够预测初中生的网络成瘾（胡塔静等，2012），有研究者对比了网络成瘾组和非成瘾组的儿童虐待得分，发现网络成瘾组的心理虐待和忽视得分显著高于非成瘾组（黄莉和邓云龙，2009）；还有研究发现，与未遭受过儿童期性虐待者相比，有儿童期性虐待经历的女性在以后发生健康危险行为（如未婚流产）和遭受非意愿性行为侵扰的比例明显偏高（冯永亮，2011）。调查还发现，儿童期遭遇性虐待的人在校期间进行性行为的比例偏高；参与或卷入斗殴及近30天里曾吸烟饮酒的发生率均明显偏高（陈晶琦和韩萍，2004）。

此外，虐待可对儿童的死亡认知发展过程产生明显的不良影响，使受虐待儿童对死亡概念的认识偏离正常，更容易产生自杀意念（朱相华，李娇等，2006）。有研究发现，儿童虐待会正向预测自杀意念和对自杀的接受态度（陈景清等，2008；孙霞等，2014）。

4. 社会适应方面

儿童虐待会给个体应对环境、适应社会造成一定困难。主要体现在个体的情绪行为表现、人际关系、应对方式和社会能力等方面。

首先，儿童虐待会造成一定的情绪行为问题。在这部分研究中，研究者均采用了长处与困难问卷，因此这里的情绪行为问题主要是指焦虑性情绪障碍、抑郁障碍、情绪症状、品行问题、多动注意不能、同伴交往问题等。研究一致认为，儿童期虐待会导致个体的情绪行为问题（曹枫林和苏林雁，2007；伍妍等，2011；李阳等，2012；杨春等，2012）。分析发现，心理虐待对情绪行为问题的影响最大（伍妍等，2011；杨春等，2012），并且社会支持和执行功能作为中介变量起作用（李阳等，2012；伍妍等，2011）。

其次，儿童虐待会影响个体的应对方式。有研究发现，经历儿童虐待的高中生更容易采取不成熟的应对方式（黄群明等，2005）；与非虐待组相比，虐待组多采取消极的应对方式（杨世昌等，2011）；也有研究发现，儿童期虐待分数越高，更多采用消极的、不成熟型应对方式如自责、退避、合理化和幻想；儿童期虐待分数越低，越容易采用积极的、成熟型应对方式如解决问题和求助等（陶芳标等，2006；冀云，2011）。因此，在这点上，研究结论基本一致，认为经历儿童虐待的个体更倾向于采取消极的应对方式。

另外，儿童虐待还会影响个体的人际关系。一项针对新婚夫妇的调查发现，儿童期经历虐待更容易造成女性成年后遭受亲密伴侣暴力的可能（邹韶红等，2007）；儿童期虐待对建立亲密关系有消极作用（冀云等，2014），还会影响个体的成人依恋（高明，2012）；经历过虐待的人，领悟到的社会支持相对缺乏（陈景清等，2008），也容易产生不安全感，包括生理不安全感、人际不安全感、爱的不安全感和成就不安全感（朱相华等，2012）。

此外，儿童虐待对小学生的社会能力造成不良影响，包括活动情况、社交情况和学校情况等（魏贤玉等，2007）。儿童虐待还与青少年违法犯罪存在一定关系（袁彬和阴艾华，2010）。

综述分析发现，关于儿童虐待的后果研究，无论从哪种视角出发，结果基本相似，即儿童虐待会给个体的身心健康发展带来一系列不良影响。这些研究主要以心理学为背景展开，探讨儿童期虐待对个体不良后果的直接作用和间接作用，通过量化研究，构建因素之间的关系模型，探索儿童虐待发生作用的内部心理机制。

当然，这些危害和后果也会因个体遭受虐待的频率、严厉程度、儿童的年龄、发育情况、脆弱性和恢复力而不同。这说明，儿童虐待发生作用的中间过程还可能存在某些调节因素。这些警示我们在这类问题上要区别对待。

此外，通过有关的内部机制研究，我们还发现了关注儿童虐待的保护性因素，比如儿童的自我意识、心理弹性、社会支持等，这些可以为预防和减少儿童虐待的消极后果提供新途径。

附录 5

家长感受卡

fear
恐惧
frustration
懊恼
responsibility
责任
exhaustion
筋疲力尽
guilt
愧疚
sad
伤心
regret
后悔
confused
困惑

excited
兴奋

confident
自信

optimistic
乐观

love
爱

happy
幸福

pride
自豪

wondering
惊奇

fun
有趣

附录 6

当地援助人员和机构清单

本表由家长导师和儿童引导师填写，填写本表属于正向教养准备工作的一部分。本表应写明父母或照顾者有需要时可以联系到服务机构和人员的清单。请详细说明各机构的转介流程，若是向所有人的服务，请予以说明。

当地援助人员和机构清单
政府官员和机构
警方和其他执法部门
社会组织和非政府组织

（续上表）

联合国组织
医生和医务人员
心理辅导人员
宗教机构
社区保护机构